信息架构设计

王建民 ◎ 编著

中山大学出版社
SUN YAT-SEN UNIVERSITY PRESS
·广州·

版权所有　翻印必究

图书在版编目（CIP）数据

信息架构设计/王建民编著. —广州：中山大学出版社，2017.1
ISBN 978-7-306-05976-5

Ⅰ.①信… Ⅱ.①王… Ⅲ.①信息系统—系统设计 Ⅳ.①G202

中国版本图书馆 CIP 数据核字（2017）第 011115 号

出 版 人：	徐　劲
策划编辑：	王　润
责任编辑：	王　琦
封面设计：	林绵华　王　曦
责任校对：	马霄行
责任技编：	何雅涛
出版发行：	中山大学出版社
电　　话：	编辑部 020-84110283，84111996，84111997，84113349
	发行部 020-84111998，84111981，84111160
地　　址：	广州市新港西路 135 号
邮　　编：	510275　传　真：020-84036565
网　　址：	http://www.zsup.com.cn　E-mail：zdcbs@mail.sysu.edu.cn
印 刷 者：	广东虎彩云印刷有限公司
规　　格：	889mm×1194mm　1/24　9.25 印张　299 千字
版次印次：	2017 年 1 月第 1 版　2023 年 6 月第 3 次印刷
定　　价：	35.00 元

如发现本书因印装质量影响阅读，请与出版社发行部联系调换

前言

也许你在看到这本书之前对信息架构已经有了一定的了解，信息架构（information architecture）是从数据库设计的领域中诞生的名词，是由理查德·所罗·乌曼（Richard Saul Wurman）创造，由路易斯·罗森菲尔德（Louis Rosenfeld）和彼德·默非（Peter Morville）两位图书馆学者发扬光大。

无论用户使用的产品、网站或应用如何变化，他们的最终目的都是通过这些工具实现自己的目标。在 Web 2.0 和社会化的大趋势下，网络信息变得越来越庞杂无序，对于那些以找到目标信息为目的的普通用户来说，要找到自己需要的信息已经变得越来越困难了。于是，一个新的设计内容列入了我们要考虑的范围——信息架构，一种新的工作角色出现在了项目管理中——信息架构师。在项目中，信息架构师帮助其他设计人员梳理搭建信息架构，合理安排应用或网站的内容和功能，提高应用或网站的可用性，改善用户体验，帮助用户实现目标。信息越庞大、越无序，信息架构就显得越重要，它也逐渐变成了在设计开发中不可忽视的内容。那么，谁应该了解学习信息架构呢？首先是信息架构师。但是，除了信息架构师之外，任何与应用或网站设计相关的人都应该对信息架构有所了解，这样才能更好地完成信息架构的设计。因此，这本书面向的对象将会是任何网站和应用的设计、开发人员，或者是对信息架构感兴趣的读者。

随着互联网行业的高速发展，信息架构在网站、移动应用、硬件产品等的设计中的地位日益重要。无论是过去还是现在，信息架构一直是很多研究者感兴趣的话题。在过去，已经有很多学者对信息架构进行了研究，并提出了多种信息架构的模式、信息架构的组成部分、信息架构的设计原则、信息架构的设计要点等。在这么多的理论基础的前提下，我们将结合自身的项目经历，谈谈对信息架构在实际项目中的应用之体会。

本书所传达的不应是简单的关于信息架构的知识。因为随着时间的流逝，可能会陆续出现不同的模式，产生新的设计规范和原则，而旧有信息也会落伍，要套用这些既定的模式进行设计，对于任何一种设计来说都是不可行的。本书希望给读者普及简单的信息架构的知识，帮助读者将信息架构的设计应用到实际项目中，并在此基础上，帮助读者总结甚至创造出一套属于自己的信息架构设计方法。

本书一共分为七个章节，内容框架参照了信息架构的设计流程，包括研究、策略、设计、实施和管理。在文中有简单的案例，希望这些案例能帮助读者更好地理解本书的内容。第一章作为概述，简单地介绍了什么是信息架构以及信息架构的基本流程和作用。第二章、第三章是信息架构流程中的研究部分。第二章是用户研究，从了解用户需求出发，介绍了用户建模，以及在实际应用中用到的研究、数据分析和保存数据的方法。第三章是内容分析，这一章将从四个方面对内容分析进行介绍，包括所需内容的介绍和来源、内容规划的方法、内容的分类方法，以及在设计中容易被遗忘的词汇定义。第四章、第五章、第六章是信息架构流程中的策略、设计和实施部分。其中，第四章介绍了如何搭建信息架构的整体框架，介绍了一些基本模式以及设计标签、小组分类等。第五章、第六章分别围绕着 Web 和移动端的浏览结构和布局的设计进行介绍，包括设计流程、导航模式以及在设计过程中可能使用的方法等。在这两个章节的结尾处，分别配有一个实际的项目案例解析，方便读者理解信息架构设计在实际项目中的应用。到第六章为止，本书就介绍了信息架构流程中的前四个阶段，这四阶段构成了搭建一个项目信息架构的完整流程。如果要搭建程序或网站的信息架构，则还需要第五个阶段——管理，这个阶段主要是监控网站的用法和用户的反馈，不断改进和完善。鉴于本书篇幅所限，故此方面涉及有限。

如果把网站或应用的设计比作建房子，那么良好的信息架构就是坚实的地基，只有在地基坚实的基础上，我们才能不断地添砖添瓦，让网站或应用变得更优秀。一个好的信息架构可以帮助设计师节省很多工作。到目前为止，信息架构的应用主要在网站和应用的开发方面，当然也不排除以后会被更广泛地应用到其他领域中。无论怎样，了解信息架构，对于网站和移动应用，甚至是电子设备的开发设计都是大有裨益的。

最后，希望各位读者能受益于这本书，希望我们多年的专业经验能够帮助读者迅速理解信息架构。由于个人水平有限等原因，本书难免有不足之处，恳请各位读者见谅，也期待读者不吝赐教。相关意见，欢迎发送邮件至 342955636@qq.com。

王建民

2016 年 6 月

目录

概述 / 1

第一节 关于信息架构 / 2
    一、信息架构的出现 / 2
    二、计算机科学中的信息架构 / 3
    三、重要分水岭 / 4

第二节 信息架构的定义 / 4
    一、信息架构的三要素 / 5
    二、信息架构的两个主要因子 / 6
    三、信息架构的五个内容 / 6

第三节 信息架构与导航 / 6

第四节 信息架构的设计流程 / 8
    一、交互设计流程的步骤 / 8
    二、信息架构的设计步骤 / 10

第五节 信息架构的意义和作用 / 11
    一、信息架构的意义 / 11
    二、信息架构的作用 / 11

用户研究 / 13

第一节　概述 / 14
　　一、用户研究的要点 / 14
　　二、用户研究的方法 / 14
　　三、分析数据的方法 / 15
　　四、用户考虑信息的行为 / 16
第二节　对产品/服务提供商的用户研究 / 18
　　一、亲和图 / 18
　　二、卡片分类 / 20
　　三、功能树 / 22
第三节　对产品和服务使用者的用户研究 / 23
　　一、角色 / 24
　　二、User Journey / 24
　　三、场景 / 26
　　四、任务分析 / 29
　　五、案例 / 34
第三节　信息架构设计网站实例 / 42

 内容分析 / 51

第一节　什么是内容分析 / 52
第二节　内容分析的过程 / 52
第三节　内容规划 / 53
　　一、确定内容细节 / 53
　　二、为内容设置优先级 / 54
第四节　元数据与受控词表 / 56

一、专业术语 / 57
二、同义词环圈 / 58
三、规范文档 / 58
四、分类体系 / 59
五、叙词表 / 60
六、案例 / 61

第四章　设计信息架构 / 67

第一节　概念地图 / 68
第二节　选择分类方案 / 69
　　　　一、准确方案 / 69
　　　　二、模糊方案 / 74
第三节　选择 Web 信息架构 / 77
　　　　一、简单模式 / 77
　　　　二、混合模式 / 84
　　　　三、小结 / 92
第四节　设计概念结构 / 94
第五节　设计分类小组 / 94
第六节　设计标签 / 96
第七节　什么是好的 IA / 97

第五章　设计 Web 浏览结构和布局 / 99

第一节　设计过程 / 100
　　　　一、从内容页开始 / 100
　　　　二、考虑和内容页相连的页面 / 100

三、考虑主页 / 100

　　　四、修订 / 101

　第二节　选择导航类型 / 101

　　　一、导航核心 / 101

　　　二、其他导航 / 112

　第三节　设计 Web 的浏览结构和布局 / 119

　　　一、线框图 / 119

　　　二、站点地图 / 121

　　　三、任务流程图 / 122

　第四节　高效的浏览结构特点 / 123

　第五节　案例 / 123

　　　一、项目简介 / 123

　　　二、目的 / 123

　　　三、步骤 / 124

第六章　设计移动端浏览结构和布局 / 133

　第一节　移动设备交互原则 / 134

　第二节　移动应用设计难点与要点 / 134

　第三节　移动应用的使用方式 / 135

　第四节　移动应用的信息组织方式 / 135

　　　一、精确性组织体系 / 135

　　　二、模糊性组织体系 / 136

　第五节　选择移动端信息架构 / 138

　　　一、层级式 / 138

　　　二、辐射式 / 140

　　　三、套娃式 / 142

　　　　四、标签视图 / 144
　　　　五、便当盒及仪表盘 / 145
　　　　六、筛选视图 / 146
　第六节　移动应用的导航模型 / 147
　　　　一、主要导航模式 / 147
　　　　二、次级导航模式 / 155
　第七节　移动应用设计的其他部分 / 158
　　　　一、表格和列表 / 158
　　　　二、搜索 / 167
　　　　三、排序 / 174
　　　　四、筛选 / 177
　第八节　绘制使用流程 / 181
　　　　一、故事板 / 181
　　　　二、OP 图 / 181
　第九节　案例 / 183
　　　　一、项目简介 / 183
　　　　二、目的 / 183
　　　　三、步骤 / 184

第七章　管理 / 195

　第一节　基本概念 / 196
　第二节　监控 / 197
　　　　一、监控的目的和内容 / 197
　　　　二、监控工具和谷歌分析 / 197
　　　　三、案例分析 / 198
　第三节　内容更新 / 200

第四节 推广／200
第五节 优化／201
第六节 小结／202

参考文献／203
推荐阅读／204
后　　记／205

第一章 概述

第一节　关于信息架构

一、信息架构的出现

　　一些信息架构师认为，信息架构学的实践与建筑师所做的事十分相似：建筑师在实践中设计人类生活、工作和娱乐的空间；同样地，信息架构师所做的也是设计一个空间，只是这个搭建空间的元素是信息，所建立的是信息之间的关系，呈现的是所有信息所组成的空间结构。为了创造完美的、对用户和发起人有价值的、易于使用的信息路径，来自多学科的专业人员，正在逐渐创造一个涵盖"设计—建造"全过程的，并需要更多综合性知识，同时使用各种媒体和技术的专业。

　　由于信息架构的元素是信息，因此信息呈现和传递方式的不断发展，是促进信息架构产生的重要原因。人类历史上的信息元素经历了多个变革历程：从最初的用于谈论的言语，到用于书写的书写语，再到用于广泛传播的印刷语出现。在印刷技术出现之前，图书的数量较少，价格也比较昂贵。随着印刷技术的出现和发展，图书的数量不断增加，种类也越来越多，成本降低，购买和阅读图书的人越来越多。如此，引发如何管理如此多样复杂的图书的问题。对文档进行有序的管理和采用系统化方法是解决问题的关键。经过后来的发展，这些工作演变成了两种学科——图书馆和信息科学，这两个学科所关注的是信息的用户、信息的组织和表达、信息管理、信息技术和信息系统的实施。因此，很多信息架构师以及开拓信息架构的学者都是来自这些学科，包括对信息架构产生重要影响的两个人——路易斯·罗森菲尔德和彼得·默非。他们认为信息架构关注"结构设计、分类、导航和检索系统，以便帮助人们更成功地发现和管理信息"（O'Reilly, 2001）。

　　"以用户为中心"的设计思想的一个重要成果是信息架构领域的最终出现。

因特网用户是研究者和开发者组成的大型团体的代表，他们的主要焦点是人，而不是技术，他们设想的计算机是人与信息交互的网络通信设备。他们首次提出以用户为中心而不是以计算机为中心的观点，更新了传统的通信工程观点。在这个概念转换中，信息不再被认为是包含在机器中，而被认为是一个新焦点——强调与信息交互和计算机中介信息环境中的信息设计。

二、计算机科学中的信息架构

互联网的介入影响了人类活动的场所、特征和组织，以及传统的信息设计实践。计算机的个人化、可用性和易用性是计算机科学中的信息架构出现的关键因素。

计算机科学中的信息架构最早的提出者是万尼瓦尔·布什（Vannevar Bush），他被人们称为计算机时代的预言者。他提出开发我们现在所知道在因特网中实现的"信息架构（info structure）"。他为人类智力活动定义了一个新的情境模式，定义了一个用户唾手可得的、以计算机为中介的信息空间，这个信息空间的所有工具和资源都必须支持"思维的逻辑过程"。在计算机技术和互联网发展的初期，他的预想启发和引领了很多开拓者和先锋团体的研究工作。

另一个对计算机科学中的信息架构有巨大贡献的人是道格拉斯·恩格尔巴特（Douglas Engelbart）。他给出了另一个想象——关注智能和计算机信息处理之间的协同关系。他是一个高产的发明家，发明了鼠标、超媒体、视窗以及很多其他东西，并在逐渐形成的人机交互（human-computer interaction，HCI）新学科的理论框架中做出了贡献。恩格尔巴特理论框架的伟大之处在于，直至今天它仍然和信息架构实践具有很大的相关性，并且包含着人机交互和可用性等与信息架构关联的特征。实际上，很多信息架构从业者都来自道格拉斯·恩格尔巴特（Douglas Engelbart）初创的HCI领域。他们通过深入的理论研究和实践应用，使计算机在易用性方面迈出了重要一步。

PC（personal computer，PC）机时代代表着计算技术扩散到日常生活，以及计算的个人化。微处理器的能力、软件程序员和利用更强大的计算能力来支持更先进界面设计的界面设计师,都对计算机的可用性做出了贡献。

当计算机变得个人化、可用和易用之后,一个新的挑战出现了,就是关于Web上新型的信息空间和分布式计算环境。HCI包含的只是显示屏上显示的用户能看到的信息。各个领域的设计者提出了一种新的视角——把用户置于计算机中介的信息空间。这些设计者就是信息架构师,他们来自图书馆学、信息科学,还有与信息、信息空间的组织与形式等相关的各个学科。

三、重要分水岭

2000年4月8日,在有约350人参与的ASIS(American Society for Information Science,美国情报科学学会)峰会上,学者们首次提出了解决关于信息架构的问题,并试图解决这些问题:什么是信息架构?它是一个新兴领域还是昙花一现的事物?什么是信息架构师?我是吗?"信息架构"是对我们学科的正确标签吗?标签和定义是否对信息架构造成问题?这次会议对信息架构领域来说是一个分水岭,不仅因为有科学家尝试回答了所提出的这些问题,重要的是,这次会议成为信息架构学科的第一个大型会议。

第二节 信息架构的定义

信息架构的主体对象是信息,它是对信息环境的结构化设计,搭建信息架构使得呈现的信息更加清晰,它的最终目的是帮助用户快速地找到想要的信息,搭建用户与信息之间的桥梁。好的信息架构能够帮助用户找到他们想要的信息,帮助他们学习,以做出更好的决定。

自20世纪"信息架构"(Information Architecture,IA)这个名词诞生以来,国内外研究学者对这个词的定义有不同的理解,因此,学界至今尚无一致认可的、全方位的定义。

信息架构最初是从数据库设计领域中诞生出来的概念,是一个组织信息需求的高级蓝图,包括一个企业所使用的主要信息类别的独立人员、组织和技术文件。简单来说,信息架构是合理地组织信息、设计信息展现形式的一门科学与艺术。由此可知,信息架构的主体对象是信息,如网站、软件、图像等,这里"信息"一词特指处于数据和知识之间的一个概念。

信息架构并不是屏幕上用户界面(User Interface,UI)的一部分,事实上,信息架构贯穿于用户界面中。信息架构被记录在电子表格和一系列的图表之中,而不只是在线框图、综合的版式或者原型里。

一、信息架构的三要素

(1)用户:了解用户需要什么、如何思考、已经知道了什么,然后为了用户组织内容。

(2)内容:知道你有什么、你应该有的以及你需要的,然后才能更好地搭建一个长久有效的信息架构。

(3)情境:了解包括个人和商业目的在内的所有可能约束你进行搭建信息架构的因素,这样才能避免不必要的麻烦。

信息架构的三要素如图1-1所示。

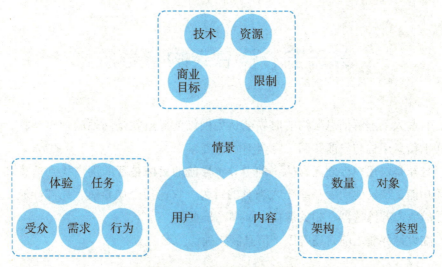

图1-1 信息架构的三要素

二、信息架构的两个主要因子

信息架构的内容包括两个主要因子。
（1）对网站内容和网站功能的识别与定义。
（2）定义网站内容与功能之间隐藏的逻辑关系，并以客观的结构关系和术语表达。

三、信息架构的五个内容

信息架构包括五个内容。
（1）内容清单：检查网站的定位和识别网站现有内容。
（2）内容审计：评价内容的有用性、精准性、语气和综合效用。
（3）信息分组：定义以用户为中心的内容之间的关系。
（4）设计分类系统：基于词汇定义一套适用于所有网站内容的标准的命名公约。
（5）描述性的信息创建：对有用的元数据进行定义，这些有用的元数据可以构成网站相关链接的清单或帮助发现其他的导航元素。

第三节　信息架构与导航

有些人不理解信息架构的时候会认为网站的导航就是网站的信息架构，但事实上信息架构与导航是两个完全不同的概念。

导航是对用户界面元素的一种引导。导航的目标是帮助用户找到信息和网站的功能，鼓励他们做一些令人满意的行为。它包括全局导航、局部导航、功能导航、内容筛选器、相关链接、页脚、长页脚，等等。

在设计导航之前，还有以下信息需要确认。

（1）使用优先权：用户有多么依赖导航元素？例如，用户是否会通过局部导航进行导航？或者他们更加依赖网站的相关链接？

（2）定位：导航应该放在哪个页面？应该放在页面布局中的什么位置。（上方、左侧、右侧还是网页底部）？

（3）模式：什么模式的导航是最能帮助用户找到信息的？是最容易让用户注意到的？例如，标签、大数据菜单、循环播放的菜单、手风琴式（可滑动切换）等。

在设计网站的时候，如果只是集中在导航设计而忽视网站的信息架构，这显然是不正确的。如果在设计网站的时候只是考虑导航的话，那么设计出来的网站有可能是无效的，甚至对网站来说是有害的，不仅不能设计出一个优秀的网站，反而很可能设计出一个用户体验糟糕、管理员管理困难的网站。

如果要给网站导航和信息架构的设计顺序做排列，应该是先设计网站的信息架构，再设计网站的导航。设计一个导航的成本是非常昂贵的，如果先定好了导航的样式、位置以及在页面的布局，最后发现网站的内容不足以填充导航，或者设计的导航不能够包含网站的所有内容和功能，那么很有可能就需要重新设计导航，这是对项目经费、时间和人力资源的浪费。

要设计网站信息架构，首先需要掌握网站内容的价值和复杂性，然后构建网站的信息架构。需要注意的是，画出线框图或者网站原型，并不代表设计好了网站的信息架构。对于导航设计来说，导航样式的选择主要是基于网站的信息架构，信息架构告诉我们网站的主要功能是什么，有多少信息，哪些信息是主要的，哪些信息是次要的。然后再基于上述内容选择适合的导航样式，设计导航的标签内容和导航布局。

可以这样理解导航和信息架构之间的关系：导航是体现网站信息架构的一种外在表现的视觉元素，是在构建网站信息过程中必不可少的一部分，是网站信息架构的一部分，但它并不等于网站信息架构，而是基于网站信息架构提供的信息进行的一种网站界面元素设计，二者是包含和相互依赖的关系。

第四节　信息架构的设计流程

本节将介绍设计网站信息架构的流程。笔者已经提炼出一套交互设计的方法体系，基于这一套方法体系，接着将介绍信息架构的设计流程。

一、交互设计流程的步骤

1. 市场调查与设计研究

市场调研属于营销管理学的范畴，但其采集、分析、解释信息和数据的研究方法非常适合在交互设计前期阶段借鉴及使用。对于产品的现有市场、潜在市场和客户群的调研分析，将影响以后设计阶段的功能确定等因素。该阶段可分为市场调查、情景调查和系统分析三个部分。

对于信息架构来说，通过对现有市场和客户群的调研分析，可以对即将设计的信息架构有一个概括性的了解。通过竞品分析，可以了解其他同类网站的做法，并学习他们优秀的地方，若不是非常有针对性的产品，则可以在一个统一的模式基础上，加上能体现自身特色的元素，进行后面的信息架构设计。通过客户群定位，可以了解产品的目标群体，这里的产品主要是指网站或于机应用软件（applacation，APP），这样可以为后读的用户研究提供方向。

2. 用户研究

在交互设计流程中，用户研究是帮助设计师了解用户使用产品时的行为特点以及习惯的过程，通过各种"明察暗访"的手段，有助于直接或间接、正面或侧面地倾听用户的心声，探知用户的需求。这一阶段分成用户调查和用户建模两个部分。

前面在介绍信息架构基本信息的时候提到了一种交互设计的思想——"以用户为中心的设计"，这种设计思想同样适用于信息架构的设计，它要求我们在设计信息架构的时候，时刻以用户为中心，考虑用户的需求、用户的习惯和用户的体验，从了解用户开始进行信息架构设计。真正的以用户为中心的信息架构不是简单地通过头脑风暴就能建构的，而是需要许多的用户研究，并且通过测试使得它更加适合用户。

3. 商业模式与概念设计

商业模式与概念设计是设计师在进行具体设计前，最后完成的准备工作，通过了解产品的商业模式，确定其产品定位，通过头脑风暴、亲和图、卡片分类、词汇定义等方法进行概念设计，为后面的具体设计提供设计基础。

在信息架构中，概念设计是设计导航的前期准备工作。导航作为网站（或应用）信息架构的重要内容，需要基于对网站（或应用）的内容进行分析，确定内容分类、优先级，选择适当的词汇，最终进行概念设计。

4. 信息架构和设计实验

这一步骤在交互设计流程属于设计模块。通过各种原型和板块内容的设计，提出设计方案，在信息架构中选择导航样式，确定导航内容，导航在页面中的位置就需要在这一步中完成。

5. 设计评估与用户测试

一个完整的设计流程不应该止步于完成设计，而是应该通过评估和测试对设计进行不断迭代。设计评估和用户测试都是了解用户体验的一种方法，通过获得用户的反馈，进一步优化设计方案或产品。

对于信息架构来说，它也不是一次就能够设计完成的，通过这个步骤，在了解用户反馈的基础上，对信息架构进行迭代设计和优化。

6. 系统开发与运营跟踪

系统开发与运营跟踪是设计流程的最后一步，属于设计产品推出后运营管理的一部分。对于信息架构而言，内容是设计中比较重要的一部分。而信息架构的一个主要的功能就是帮助设计师在更新网站或应用的内容时，能更简单更清晰地添加或替换内容，更新内容的来源主要是网站或应用的后期运营管理。

二、信息架构的设计步骤

总体来看,信息架构的设计流程与交互设计的流程重合度还是比较高的,只是信息架构设计有其偏重的模块,可以将这一流程概括成以下几个步骤。

1. 市场调查与客户定位

通过分析现有产品及了解领域中是否有统一的设计要求,提供设计灵感与设计约束,通过客户定位,确定用户研究对象。

2. 用户研究

了解目标用户的需求、习惯。

3. 内容分析和设计

确定网站(或应用)的内容,分析内容的优先级,并选择内容规划方式。

4. 概念设计和架构设计

确定网站内容词汇,进行导航设计、页面的版式设计,确定页面之间的跳转关系。

5. 设计评估和用户测试

通过专家和用户,了解现有设计的缺点并进行优化。

6. 运营管理和数据挖掘

更新网站内容,通过获取用户访问的行为,进行搜索引擎优化和网站(或应用)的优化设计。

信息架构的设计是一个不断迭代不断优化的过程,如图 1-2 所示。

图 1-2 信息架构的设计流程

第五节　信息架构的意义和作用

　　我们创造信息的能力远远超过了我们检索、组织和发布信息的能力。信息管理——在个体、组织，甚至是社会层面——都可能是我们要面对的重要挑战之一。它是素养的下一阶段。

——彼得·莱曼

一、信息架构的意义

　　信息架构的焦点是给用户寻求信息提供必要的资源，把他们的信息需求成功地转换成行动，最终完成他们的目标。

　　工业时代是机器时代，设计者已经设计了许多检索、记录数据以及生产、复制、处理、转换、分发信息的机器。今天，不管娱乐、工作、学习、商务处理还是交流，我们越来越多的日常活动都离不开信息技术的使用。随着新的信息技术的丰富，信息产生的速率正超过我们发现、评论和理解它们的能力，因此，我们需要很好地构建并理解信息空间。即使信息空间的内容越来越多，也要让其在我们搭建的信息空间中找到合适的位置，这样才不会导致信息内容过多而变得混乱，从而使信息的利用率降低。信息架构在这个过程中就是起到这样的作用，合理规划信息空间，不仅能够帮助信息使用者，还能帮助信息提供者更好更有效地管理信息。

二、信息架构的作用

　　在项目计划方面：①在口头上和视觉上说明了交互策略的好处。②获得提供了在主题以及客户前景方面的专门知识和技能，包括独特的规范、标准、术语和规定。③研究竞争的互动项目，评估他们的影响。

在项目创意方面：①生成了统一的视觉方案，以及加强了结构、内容和交互体验目的的导航策略。②将各种内容类型和用户任务概括成有意义的且模块化、可伸缩的工作流程。③决定最能体现信息环境和意义的组织模型，即层次结构、列表、环境、故事等。

在项目技术方面：①使关于人类行为和动机的知识与对复杂系统的结构和功能的理解相结合。②在熟悉技术约束和用户需求的基础上，确定并记下项目的功能需求。③绘制必需的蓝图或者是用来指导项目编程的信息模型，包括流程图、示意图、场景等。④进行可用性测试，并且将用户的反馈转化成适当的特性和功能。

第二章

用户研究

第一节 概 述

一、用户研究的要点

我们需要了解：①用户需要何种信息？②用户如何处理信息？③用户在何处使用信息？④用户对信息有什么已有的认识？⑤用户如何描述事物？

有以下几个注意点：①你先走向用户，而不是等待用户走向你。②观察他们并与他们交谈，将会话录音，记好笔记，听录音记下访谈对话。③使用多种方法进行研究。

二、用户研究的方法

（一）获得丰富信息的方法

（1）访谈：进行一对一的对话，可以得到丰富真实的信息。在进行访谈前，需要准备一段引导词，此外，还可以在访谈过程中进行录音或录像。这种方法需要较多的时间。

（2）场景调研、观察、影随法：这三种都是在不打扰用户的情况下，收集真实的用户使用习惯和情况的方法。这三种方法需要较多的时间，也需要一定的技巧，但获得的数据非常真实可靠。

（3）社会文化背景调查：也称文化探析，是通过间接的方式来收集用户的信息及其日常生活等。和访谈、观察等直接的方式相比，它一般会希望用户主动报告或在不干扰用户的情况下摄录获取信息，信息的形式可以是文字，也可以是音频或视频。这种方法在实践中的使用虽不频繁，但也是一种了解用户的有效方法。

（4）卡片分类：在自己能够理解的情况下，对内容进行分类，它能够帮助我们认识分类和术语。一般会和其他方法一起使用，前期的准备也需要些时间。

（二）获得大量信息的方法

（1）调查：准备一系列的问题进行调查研究。通过这种方法，能够获得大量的信息且信息反馈更为迅速。在询问的时候准备一些开放式问题，主要在问题的设计上需花一定的时间。

（2）日记：让用户记录下他们要做的事。这种方法可能会帮助发现一些你在观察的时候没有注意到的行为或问题。在要求用户记录前，需要提出清晰明确的任务目标，在等待用户反馈的时候会需要一些时间。

（3）系统日志：记录系统中硬件、软件和系统问题的信息，同时还可以监视系统中发生的事件。通过分析可以发现现有问题并寻找优化方案。

（三）其他用户研究方法

焦点小组：一种由 6～12 个人左右组成一个小组进行讨论的方法。通过这种方法我们能得到更多的想法观点。除了讨论之外，也可以是一个小型的活动，增加趣味性。这种方法花的时间比访谈多，但是更有效。

三、分析数据的方法

（1）探索数据：对数据进行初步的研究，了解大概的模式和意见，通过理解数据的属性，确定数据的处理方式和分析方法。

（2）术语分析：了解用户使用的术语。

（3）亲和图：针对某一问题，收集各种与之相关的经验、知识、意见和想法等语音或文字资料，将这些资料以文字的方式在卡片上表达，按照资料之间的相互性进行归纳整理。这种方法能够帮助我们理解问题，统一认识，协调工作，并形成创造性的意见，最终有利于解决问题，如图 2-1 所示。

（4）2×2 矩阵：将收集到的内容放在一个二维的坐标象限内，对内容进行分类，如图 2-2 所示。

（5）多维分析：与 2×2 矩阵类似，将收集到的数据放在一个二维以上的空间坐标上进行分析。

图2-1 亲和图

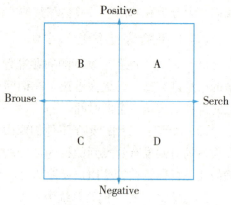

图2-2 2×2矩阵

四、用户考虑信息的行为

搜索、浏览及询问都是寻找信息的方法，同时也是信息搜索行为的基本手段。搜索行为有两大类：整合和重复。我们通常会在一次寻找中集合搜索、浏览和询问。如果在一次寻找后，仍然没有找到想要的信息，那么就需要不断重复，直到找到想要的信息。

用户搜索的信息通常有以下四种类型：①已知的信息；②带有目的搜索的信息；③无目的浏览搜索的信息；④再次查看的以前看过的信息。

10种信息行为如下：
- 回顾项目的总结
- 检查细节
- 多次比较
- 理解情境和环境
- 了解处在环境中的用户
- 感知趋势
- 预测影响
- 监控状态或活动

- 通过一定的标准识别
- 建立相似点

在不同的环境下，用户会有不同的搜索行为，针对这些行为，可以提出相应的设计解决方案，如表2-1所示。

表2-1　不同环境下用户搜索行为与解决方案

信息搜索行为	环　境	最佳设计解决方案
对已知信息的搜索	有一个对已知信息搜索的任务	搜索或者按字母排序
自由浏览	对自己想要找什么有大概的了解，但可能不知道从哪里开始查找	没有特别的建议
筛选信息	面对的信息太多，想要筛选下自己感兴趣的信息	过滤器和多方面的浏览器
对比、比较	在你找到几个你感兴趣的内容后，通过比较，帮助自己做出决定	让内容有更加紧密的结构，提供一个过滤器，帮助用户筛选信息
获取更多的信息	只需要获得关于一个主题的信息的时候	确保对内容的分类是明确的
深入细节	需要细节的内容	分层呈现信息；选提供概要信息，再提供细节信息
探索未知的内容	只想看看有没有自己感兴趣的内容	自己需要了解各个部分内容之间的关系，内容之间提供适当的链接
对过去的信息进行重复查看	找自己查找过的信息	登陆之后可以保存，或者离开的时候询问是否需要保存

第二节　对产品/服务提供商的用户研究

一、亲和图

亲和图（affinity diagram）是一种依据直观上的联系性，将设计元素归类的方法，这种直观的联系性可以是相似性、依赖性、近似性等。利用这种方法，可以说明各个问题之间的关联，从而发现创新机会。亲和图法的实施步骤如下。

（1）准备。主持人和与会者4～7人。准备黑板、粉笔、卡片、白纸、文具。

（2）头脑风暴法会议。主持人请与会者提出30～50条设想，将设想依次写到黑板上。

（3）制作卡片。主持人同与会者商量，将提出的设想概括成2～3行短句并写到卡片上。每人写一套。这些卡片称为"基础卡片"。

（4）分成小组。让与会者按自己的思路各自进行卡片分组，把内容在某点上相同的卡片归在一起，并加一个适当的标题，用绿色笔写在一张卡片上，称为"小组标题卡"。不能归类的卡片，每张自成一组。

（5）并成中组。将每个人所写的小组标题卡和自成一组的卡片都放在一起。经与会者共同讨论，将内容相似的小组卡片归在一起，并加一个适当标题，用黄色笔写在一张卡片上，称为"中组标题卡"。不能归类的卡片，每张自成一组。

（6）归成大组。经讨论，再把中组标题卡和自成一组的卡片中内容相似的归纳成大组，并加一个适当的标题，用红色笔写在一张卡片上，称为"大组标题卡"。

（7）编排卡片。将所有分门别类的卡片，以其隶属关系，按适当的空间位置，贴到事先准备好的大纸上，并用线条把彼此有联系的连接起来。如编排后发现没有任何联系，可以重新分组和排列，直到找出联系。

（8）确定方案。将卡片分类后，就能分别暗示解决问题的方案或显示最佳设想。经会上讨论或会后专家评判，确定最终的执行方案或最佳设想。

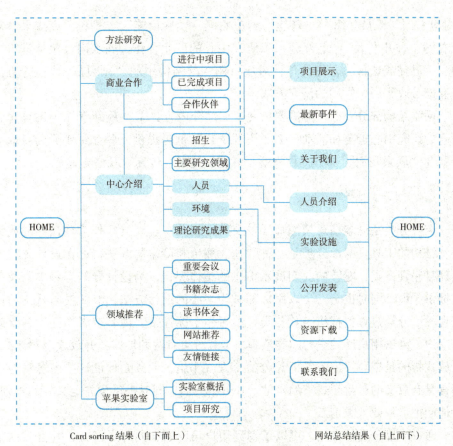

图2-3 利用便利贴完成亲和图

上述展示的是利用便利贴完成的亲和图,如图2-3所示。把研究中心需要加入到网站上的内容写在贴纸上,然后按照相似性和关联性贴到不同的区域。最后整理得出如图左边部分的结果,(自下而上)分别是:①苹果实验室的概况和项目研究;②研究中心相关的领域推荐,包括重要会议,书籍、杂志,读书体会,网站推荐,相关的网站链接;③中心介绍是最主要的部分,对应了右边网站结构中的"关于我们"这一栏。其中又分为招生、主要研究领域、人员

（对应右侧"人员介绍"）、环境（对应右侧"实验设施"）、理论研究成果（对应右侧"公开发表"）等部分；④研究中心的商业合作，展示内容包括进行中项目、已完成项目、合作伙伴，对应右侧网站结构中的"项目展示"；⑤方法研究部分收集展示常用的研究方法。

网站结构部分根据实际需要拓展了三部分内容：①"最新事件"部分包含更新的研究中心近况和活动；②"资源下载"部分提供一些介绍手册的获取途径；③"联系我们"部分提供电话、邮箱、地址、传真等联络方式。

二、卡片分类

卡片分类是许多信息架构师（以及其他相关专业人员）作为构建产品或者网站结构的工具。卡片分类是一种快速、廉价和可靠的方法，可在设计过程中将信息整理归类，能够向我们展示信息的整体架构，为设计导航、菜单以及分类提供帮助；同时也是一个以用户测试为中心的设计方法，专注提高系统的可发现性。分类过程包括将卡片分类，给每一个标签带上内容或者功能，并最终将用户或测试用户反馈进行归类整理。卡片分类有两种形式：开放式和封闭式。开放式指的是把写好内容的卡片分给个人或小组，但务必保证这些内容对他们而言是有意义的；封闭式指的是把卡片分给人们，同时提供预先定义好的类别，让他们把卡片归入类别。

通过卡片分类的方法，可以了解到用户角度的不同分类模式，并且有助于深入研究用户对特定分类的看法，洞察哪些分类是相似的或者互相补充的，了解哪些内容可以组织在一起、哪些不能。最有用的是，我们能够洞悉用户面对网站内容的心理模型（dave rogers）。这不是一个高效的活动，但却是非常注重细节的。

虽然卡片分类不能提供最终的架构，但是它可以帮助我们解决在信息架构阶段的很多问题。举个例子，可能某部分用户并不同意你提供的分组或者标签，那么这时卡片分类可以帮助我们确定大方向，比如①用户希望在哪个分组中看到这些信息？②不同的用户群之间有没有什么相似点？③用户之间的需求有什么不同？④这个分类中又包含多少的二级分类？（一般设计导航时用到）⑤我们应该如何命名这个分类？

在设计一个新网站，或设计一个网站的新区域，又或者在重新设计网站的时候，卡片分类能够给我们提供帮助。卡片分类法有助于理解用户，收集和分类信息，并从中找出有价值的改进方案。它是一种廉价的测试方法，可以用来帮助确定最佳的网站布局、导航结构、网站结构、知识库分类、网站内容文字，以及如何安排文本块，等等。

谁应该参加卡片分类呢？主要是主持人和用户代表。主持人应该是有条理、守时、善于聆听和观察、熟悉卡片内容的人；而用户代表，可以包括新手、专家、用户等使用者，也可以包含团队成员、客户和管理者。作为一个经验法则，允许嘉宾半个小时内排序50件。准备好定量和定性分析，为了使结果更有说服力，可以成倍增加用户代表数目，并检测结果。

与其他的方法一样，卡片分类也是一种优缺点并存的方法。

优点：①简单。对于组织者和参与测试的人来说，卡片分类很容易上手。②便宜。通常成本就是一堆卡片、便利贴、笔或者打印出的标签。③快速地执行。你可以在短时间内测试，然后获得大量的反馈数据。④习惯。这项技术已经存在10年了，至今许多设计师都还在使用。⑤涉及用户。因为每张卡片所提供的建议都是真实的用户回馈，而不是一个设计师的直觉或强烈的个人意见，这对信息架构师或利益相关者来说，能够更容易理解和使用。⑥提供一个良好的基础。虽然这并不是"银色子弹（万能药）"，但是它确实能够为网站或者产品提供一个良好的基础。

缺点：①不考虑用户目标。卡片分类本质上其实是一种以内容为中心的技术。如果在使用时没有考虑用户的目标，它可能会导致整个信息架构并不适合用户真正使用下的状况。信息需求分析和行为目标分析是必要的，这样可以确保排列的内容可以满足用户需求和由此产生的信息架构能够完成用户的目标。②结果差异。可能最后参加测试者提供的结果具有一致性，但也有可能会相差很大。③分析会耗费时间。卡片分类虽然能够帮助我们快速分类，但是数据的分析却是非常困难和耗时间的,特别是在如果测试用户最后反馈的结果并不一致时。④只能捕捉"表面现象"。测试用户可能并不会考虑内容是什么或如何使用它,可能只是通过表面特征进行排列,比如根据文件类型排列等。

三、功能树

功能树是一种根据服务的需求展示产品或服务功能的一种方法,展示了不同的功能(如服务的需求、元素),在每一根分支上列出不同的想法。通过联合不同分支上的想法,可以诞生许多新的不同的概念。

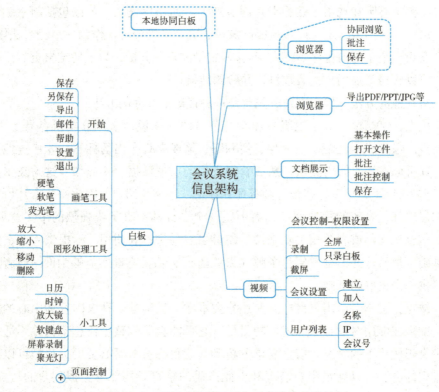

图2-4 利用功能树展示会议系统信息架构

图中的会议系统信息架构以几个主要分支来呈现系统的功能和子功能，如图 2-4 所示。

1. 视频功能，包含了五项子功能：会议控制权限可以为系统的使用设置不同范围的权限；录制功能可以选择视频录制的范围；会议设置可以建立一个新的会议或者把使用者加入会议；用户列表包括用户的基本信息，如名称、IP、会议号；此外，还有截屏功能。

2. 白板功能，包含五项子功能：首先包含基本的保存、导出、退出等功能；画笔工具可以根据需要选择三种不同的笔触；图形处理工具可以放大、缩小、移动和删除图形；小工具则含附加工具如日历、时钟、放大镜、软键盘、屏幕录制和聚光灯功能。这项功能可以直接在视频上呈现。

3. 文档展示功能，包括基本操作、打开文件、批注、批注控制、保存等五项。文档展示功能辅助视频会议功能。

4. 文件库，可以将白板和文档展示功能里的内容以 pdf、ppt、jpg 三种格式导出。

5. 本地协同白板，则可在会议过程中实现多用户在不同屏幕上同时操控一个白板。

6. 浏览器，有协同浏览、批注、保存三项功能。

第三节　对产品和服务使用者的用户研究

　　了解产品的可能用户的习惯和特征，能够帮助我们更好地设计用户喜爱的产品，增加用户与产品之间的粘性，确保一切以用户为中心，做到从用户的角度出发。因此，我们需要对产品和服务的使用者进行研究。建立用户模型分析用户需求是这一过程的主要目的，主要从四个方面进行，包括角色、User Journey、场景和任务分析。

一、角色

角色是指客户群中具有代表性行为和活动的人。创建人物角色能够帮助我们探索不同的使用方式及其对设计的影响，也能帮助设计满足可用性需求，是一种好的沟通工具。另外，创建人物角色也能帮助我们避免自我参照的设计、弹性用户和边缘情况。

构建一个角色，一般需要包括以下几方面的内容：姓名、年龄、性别、教育程度、经历、职业、语言、文化背景和情境。其中，情境可以用"5W+1H"来表示，包括：Who，谁（即用户）；When，什么时候（可以是某年，也可以是某天的某一个时刻）；Where，哪里（包括宏观和微观的地点）；Why，为什么（用户的目标及期望）；What，什么（需要做的事情）；How，怎么做（如何达到目标的过程）。另外，情境中也可以包含用户的动机，例如，区分是用户自己的态度还是对某种压力的回应。

除此之外，角色中也可以根据需要添加其他内容，只要你所添加的内容是能够帮助你理解你的设计。

一般情况下，我们会设计多于4个，但少于20个的用户角色，具体的设计数量视项目而定，只要你所设计的角色能够代表该设计可能面对的所有用户群即可。

二、User Journey

在创建场景之前，我们需要了解用户原有的工作流，因此我们需要先画出User Journey。

User Journey是指用户在体验某种交互产品（一般是软件或网站）时的个人经历。这种方法可用于发现用户是如何与软件或网站进行交互体验的，通常被用在网页或软件设计的用户体验圈里。它通常被当作一种简单的、能观察完整的用户体验和一系列行为的方法，这种体验可以是软件或网站的体验，也可以是虚拟的体验。

User Journey 详细地描述了不同用户在一个系统中采取何种步骤来完成一个特定任务，这个系统可以是应用程序或网站。这个方法显示了当前或者原有的用户工作流，并揭示了将来的工作流需要改进的地方。

User Journey 的重点在用户、用户看到的东西以及用户点击的对象上。比起那些不同点击路径之间的关系，User Journey 只是用户在完成一个特定任务时会点击的文本列表。因为 User Journey 的目的就是了解用户现在的工作流。

图 2-5 是一张 User Journey 的案例图，用来描述普通住院老人门诊服务的场景。图中内容可以分成两个部分，顾客行为和顾客实现这些行为的路径。通过这张图，我们可以看到普通住院老人的门诊就诊流程，以及每个行为发生的对应场所，可帮助我们更好地理解普通住院老人的门诊服务场景。

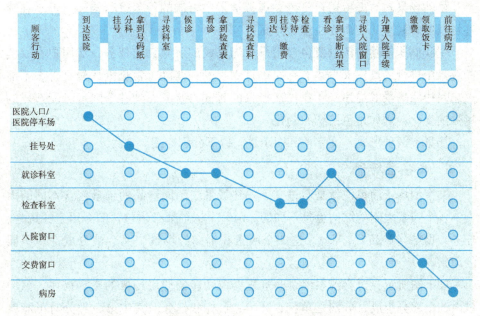

图 2-5　User Journey 案例

三、场景

场景是一个故事，是对人物角色在使用产品的具体情境下行为的描述，每个场景有一个与产品功能相挂钩的任务目标，并且描述角色在完成这个目标的过程中的行为及遇到的问题，一般是简单的几句话。不仅仅是文字，有时也会采用画画的方式表达场景。通常我们需要创建多个场景，涵盖主要情境及各种边缘情境。很多时候，我们会把场景与任务分析结合，每个场景都有一个主任务需要角色完成，因此，我们常常会在一个场景内，把主任务进行分解。场景的主要作用是帮助我们理清产品的功能，为后面的任务分析做基础。通过分析用户需要和操作过程，发觉设计信息。

虽然场景是对虚拟用户角色在虚拟情景中可能的行为进行描述，但是在描述场景的时候有几个需要注意的方面：

①我们所描述的场景要包含用户可能完成的所有真实任务；②用户在真实的场景中进行的操作多少是有一定的计划性的；③除了常见的场景之外，不能遗忘对边缘场景的描述；④在描述场景的时候，要考虑到各个因素可能造成的场景的变化，例如角色情绪的变化。

场景有两种形式，文字型和图示型。以下分别介绍。

1. 文字型场景

文字型场景简单说就是通过文字描述场景。不同产品的场景包含不同的因素，各个因素之间的结构也是不同的。但每个场景都必须包含四个因素：用户、任务、设备（产品）、环境。这四个因素在不同的场景中又会被分成许多不同的因素。

如下图所示，对会议系统企业远程会议功能的使用场景的文字描述。该场景由四个部分组成，分别是角色、环境、目标和任务。其中第一部分对可能参与的用户角色进行了简单的文字描述，包括姓名、年龄、性别、职位和能力的描述，如果角色不多，还可以附上一张角色的虚拟照片，当然要考虑照片的肖像权问题。第二部分是对环境的描述，不同场景对环境描述的要求不同，图示中的案例只要求对产品的环境进行简单描述。第三部分描述的是用户希望借由该设备所实现的目标。第四部分是对任务的分析，分解越详细，设计人员越容易发觉设计信息。最后，关于设备（产品）的描述放在了场景的抬头，即场景主要利用了会议系统的企业远程会议功能。表2-2是一个比较完整的文字场景的案例。

表2-2 文字场景案例

场景一：企业远程会议
基本信息
● 角色一： Adam，35岁，性别男，项目总监，对设计和项目管理都有一定的研究和经验，负责把控项目的进展方向和总体思路，平时经常要与各个项目组进行项目会议。 ● 角色二： Bob：23岁，性别男，设计项目成员，负责界面设计，擅长进行文档展示，熟练使用白板各项功能。在他的工作室里有一部小型的交互白板，便于他与上司进行联系，报告设计进度。 ● 角色三： Candy：28岁，性别女，项目经理，负责用户调研，同时擅长电脑知识。在她的PC上装有与交互白板配套的软件，可以与交互白板实现互联。由于Candy的家离公司较远，所以遇到紧急情况时，就会利用PC进行通话讨论
工作环境描述
● 在项目实施过程中，大家经常要进行沟通和汇报，保证进度的开展和方向的正确性。 ● Bob和Candy在同一个办公室利用平板电脑与在另外一个城市的Adam开远程会议，办公室的夹板电脑是55寸的液晶交互平板，覆盖Wi-Fi。
用户目标
● 顺利、有效的创建会议室，进行远程交流 ● 批注文件，交换想法 ● 讨论、录制、邮件发送

续表 2-2

主要功能：
会议连接、在线展示、时钟、电子邮件
任务分析：
1. 创建会议会的用户列表 　　Adam 点击新建会议，设定了会议名称"GPS 车载项目会议-0817"，设置了会议的密码为 1234，同时把自动生成的共享文件夹的网址链接记了下来，发给大家。 2. 加入会议室 　　Bob 在另外一个城市，收到会议信息之后，Bob 打开办公室的平板电脑，Candy 也打开了自己的电脑，启动软件，输入会议名称和密码，进入会议。同时他们打开摄像头，在视频中看到了彼此。 3. 上传文件 　　Adam、Bob、Cacny 分别登陆共享文件夹网页，上传会议要用的文件。 4. 会议开始 　　Adam 查看了共享文件夹。确认成员是否已经准备好，然后开始会议。 5. 在线展示 　　会议开始，Bob 打开"GPS 原型文件夹"，点击面好的原型图，一张张展示，讲到"活点地图"的细节时，Candy 问了问："这个是什么？" Bob 会停下，放大图片，一边指着地图，一边解释。 6. 批注 　　遇到功能模块讲述时，Bob 点击批注按键，点击面笔，在图片上进行了圈点，对"好友"

2. 图示型场景

　　图示型场景以手绘图或照片为主，配上简单的文字描述。图示型场景与故事板有相似之处，它们都是以手绘图或照片为中心，配上简单的文字，但是故事板侧重的是流程性，而图示型场景侧重的是场景。简单地说，故事板的场景会随着用户的行为发生变化，但图示型场景的场景一般不会发生变化。

图示型场景多用于产生新产品或概念的项目中，通过图示型场景的方式，能更好地帮助设计者了解概念或产品的使用环境，发现设计缺陷，优化设计，表达产品的功能和设计概念。

图示型场景通常以照片为主，配以简单的文字说明。此时，场景的作用是说明概念产品提醒功能的使用场景，因此，除了图示型场景之外，还配有概念产品的原型界面和部分用户调研的结果，用以支持该功能的设计。

四、任务分析

任务分析是一种识别设计约束的方法，它包含了一系列需要完成的任务以及用户在完成这些任务时可能发生的行为。这些任务里面，有的是所有角色需要执行的任务，有的是特定角色需要执行的任务。任务分析帮助我们理解用户会做什么，他们的作用是什么，以及他们需要知道什么。它是在角色的基础上，集中于用户和情境。

在进行任务分析时，可能会遇到以下这些任务（以网站为主）：

①导航类的或信息类的任务（例如找出某产品的详细信息）；②搜索类的任务（例如找出与信息架构相关的文章）；③交易类的任务（例如购买一本书）；④交流类的任务（例如询问客服产品的发货时间）。

任务分析有两种常见的方式，一种是由美国沃菲尔（Todd Warfel）提出的编译任务分析（compiled task analysis），另一种是应用较为广泛的层次任务分析。

1. 编译任务分析（compiled task analysis）

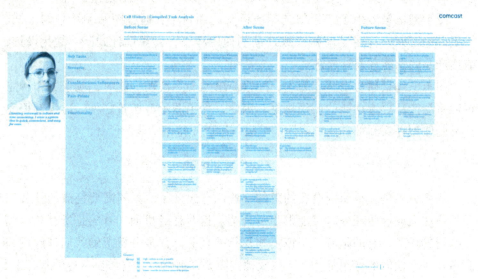

图2-6 编译任务分析示意

资料来源：http://iainstitute.org/tools/download/task-analysis-grid.pdf

编译任务分析是一种任务分析网格（task analysis grid），可用于替代一般的需求文档。与其他形式的记录形式相比，任务分析网格具有更强大的视觉效果，在产品的开发过程中，它能够很清晰地向项目的利益相关者呈现场景和对任务的优先级进行排序。

沃菲尔提出的这种编译任务分析法主要包括7个部分：角色需求和目的、事件、子任务、场景、考虑/影响、痛点和功能。

（1）角色需求和目的（demand and goal）是通过简单的文字描述，结合建立的人物角色，描述该角色在特定场景下的需求和目的。

（2）事件（scene）分为三种，before、after和future，通过对其他元素的分析，事件可以越来越详细，最后的future scene是在前面before scene和after scene的基础上，对事件的进一步细化，能够帮助用户更好地理解事件发生的过程和场景。

（3）子任务（sub-task）是对事件中角色的任务进行分解的过程，将一个完整的事件分成若干个细小的步骤，分析每个子任务中角色的行为特点、需求和痛点，并提出相应的解决方案。

（4）场景（scenario）对应每一个子任务，用来描述每个子任务完成的详细情况，通过对每个子任务进行详细的场景描述，帮助了解角色在该场景和子任务下的行为特点、需求和痛点。

（5）考虑/影响（considerations/influence）是设计人员站在角色的角度，结合现在所处的场景以及场景的子任务，反问自己还有什么问题，从而帮助找到角色痛点。

（6）痛点（pain-points），顾名思义，指角色在体验产品或服务的时候角色不舒服的地方。找到痛点能够帮助找到用户的需求，是对产品或服务进行设计或优化时非常关键的一步。

（7）功能（functionality）是针对痛点提出的解决方案，也是整个编译任务分析的核心内容。根据不同痛点，我们可以提出一个或几个解决方案，再对所有的解决方案进行重要性排序，确定具体的设计顺序。

沃菲尔提出的这种编译任务分析法并不是一种简单的场景描述，而是结合了角色痛点、场景描述及问题解决方案为一体的一种任务分析图表，它的根本目的是提出问题解决方案和新的设计点。这种图表并不是一次就可以完成的，若在设计过程中有新的点子出现，可以进行补充和完善。

表2-3是一个编译任务分析网格的案例，是对一个场景的分解描述，通过子任务、描述的场景及角色可能有的心里想法，找出角色在使用产品时的痛点和产品该有的功能。这种方法在实际的项目中有广泛的应用。它能够帮助我们更好地理解场景、分解场景，更好地体会用户使用产品的环境。

表2-3 编译任务分析网格案例

人物：何先生 职业：系统集成商 目标：找到适合自己承接项目的系统和产品，以及确认是否有新产品符合自己客户提出的新需求	在搜索引擎输入"智能家居"；在搜索结果中找到"聚晖"，并打开网站外国链接；点击进入"系统解决方案"；点选某系统；浏览系统的组成、安装等信息；点选系统中某产品；查看产品信息的详细介绍；对比同类产品的参数信息；点击进入"服务支持"；浏览"聚晖"的"售后服务"；点击进入"联系我们"；查找"聚晖"在附近的办事处和联系方式；记录并保存在通讯录	Sub-task	何先生在搜索引擎输入"智能家居"	何先生在搜索结果中找到聚晖，并打开网站链接
		Scenario	何先生登陆搜索引擎网站，在搜索框中输入"智能家居"，然后确认	何先生在搜索到的结果列表中，找到了聚晖的网站链接，于是点击打开
		Consideration	搜索引擎可能找到用户想要了解的智能家居信息的网站吗	聚晖是用户想找的"智能家居"企业吗
		Pain Points	有时，搜索引擎提供的网站没有找到用户需要的信息，也许是搜索的关键字有不足，搜索效率不高	页面布局分类不合理时，很难找到需要的信息的入口地址，让人很困扰
		Function	网站关键字设置：为了让搜索引擎能找到聚晖的网站，需要使用多种方法在网站中包含与聚晖有关的关键字	

2. 层次任务分析（HTA）

层次任务分析（hierarchical task analysis）也是一种常用的任务分析方法，虽然在其他领域已被广泛应用，但是在交互设计的领域中并没有被充分地利用。它的目的是把任务分解成一个树状结构。以主任务为中心，不断地将任务分解成子任务，直到子任务很小或者不可能实现，希望通过这种形式能描绘出完成任务的顺序及条件。无论是对现有产品的优化还是重新设计一个新的产品，层次任务分析都是非常有效且易用的。

层次任务分析是一个描述用户在完成某一任务时的反应的一种结构化的、客观的方法。首先，在层次任务分析的图表中要有一个明确的目标，让用户知道自己要完成的是什么样的任务，然后将其细化成若干个子任务。在用户体验中，我们可以使用层次任务分析的方法来描述用户与软件系统之间的交互关系。当设计一个新的系统的时候，层次任务分析能够让设计人员更清楚和全面地知道完成同一个任务的多种方式；如果是对现有的系统进行优化，层次任务分析也能够帮助了解哪些是用户必然的操作行为、哪些是不必要的，从而可以对架构和交互方式进行优化。

层次任务分析最重要的是要清楚用户的任务。可以通过以下几种方式了解：①定义用户的主要目标；②细化用户完成主要目标必须做的步骤；③优化这些过程；④一个任务在另一个任务之上，描述了我们要做什么；⑤一个任务在另一个任务之下，描述了我们如何去做；⑥计划控制子目标之间的流动。

层次任务分析的优点如下：

（1）能够让设计人员较理性的，依据用户在完成任务的步骤数量和方式类型来对比用户在完成相同任务的不同方法之间的好坏。比如，如果能够减少用户在完成某一任务的步数的话，用一个步骤代替原先的多个步骤，对用户来说就能够更加迅速地完成这一任务。当然，相对地，用户对完整任务的页面的认知力会降低。不过，总的来说，层次任务分析会给设计师提供一种设计或优化的渠道，是否采用的决定权还是在设计师自身。

（2）通过了解用户完成相同任务的多种渠道，能够帮助设计师更好地了解用户在完成任务过程中更常见的词汇，能够给设计师在进行词汇定义的时候提供一定的意见。

（3）同时，对于用户体验设计也是有一定帮助的，因为设计师能够通过层次任务分析这种方法很好地理解一个系统是如何工作的。

(4) 它支持用户体验设计的重复使用。

层次任务分析的参考模式如图2-7所示。图中的"Overall task"是目标，"Sub-task"及"Sub-sub-task"的为子任务，灰色框则是对任务的描述。

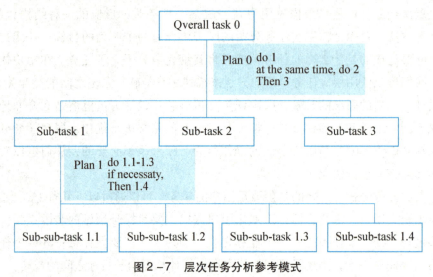

图2-7　层次任务分析参考模式

资料来源：http://www.uxmatters.com/mt/archives/2010/02/hierarchical-analysis.php.

五、案例

项目简介：安利商务随行客户端是一款方便销售代表进行产品查询、下单的移动手机商务软件，我们做了下单流程规范和服务设计。通过客户访谈、眼动仪测试、原型测试、仿真系统网络测试等方法，表明流程的有效性。

目的：分析软件可能面对的用户及可能的使用场景，找出产品该有的功能及需要优化的地方。

案例流程如下。

第一步：安利商务随行软件及同类产品流程分析。首先对现有的网络购物平台进行分类，在每个分类下选择使用较广的竞品进行流程分析，总结出典型网络购物系统的流程，同时，分析目标软件的流程，对目标软件的流程进行调整。竞品分类见表2-4。典型网络系统的购物流程如图2-8所示。

表2-4 竞品分类

类型	特 点	实 例
普通购物型	在网站中完成整个购物流程,最后跳转到第三方完成支付	QQ网购、当当网、京东商城、麦包包、淘宝、新蛋商城、掌上1号店、聚美优品
品版购物型	网站只售自己的品牌产品,还是在网站中完成整个购物流程,最后跳转到第三方完成支付	凡客、李宁商城
票务型	专门售票,无购物车,用户直接生成订单,并完成支付	大麦票务、携程无线
团购型	团购,一次性购买大量产品,无购物车,用户直接生成订单,并完成支付	美团、拉手团购
导购型	最终需要进入到其他页面完成支付,主要是淘宝页面,即在当前页面和第三方支付页面之间还需要通过另一个页面	乐蜂网、聚优惠

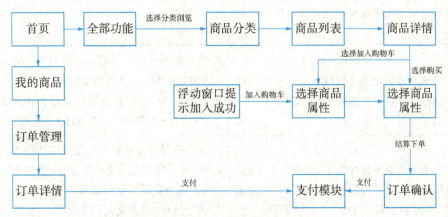

图2-8 典型网络购物系统的流程

第二步：访谈。通过与公司员工的面对面访谈和与软件用户的电话访谈，能够更好地了解安利商务随行软件在线购物功能的使用情况，获得构造人物角色的相关信息，如实际用户的主要购买方式、生活习惯、使用环境等。见表 2-5。

表 2-5　面对面访谈提纲

共性问题	询问不同角色的状态 （你所了解的 5 种角色的状态）
1. 姓名、年龄、职位、教育程度	1. 这些的业务员的工作流程怎么样？他们常采用的购买方式如何？（级别）
2. 请直接阐述一下你们公司业务流程（采购流程，谁下单，如何下单，下单量，谁付钱，如何付钱等问题）（DD 或者更高职位销售者是否需要经常出差？DD 或者更高职位的销售者每月胆否需做到一定的销售额？为什么你们的送货方式会送货上门和店铺自提两种方式？你们的送货上门方式是否需要业务员支付邮费，具体是如何支付的（例如，买够多少钱可以不用支付运费）	2. 他平时使用计算机的时间多吗？有没有利用计算机网购的经历？（年龄层）
3. 业务员是否使用过安利的 Web 端订购过产品？他们对 Web 端使用的反馈如何	3. 你了解的他们是否拥有智能机？平时会经常使用吗啊？那么他们有使用过手机进行网上购物吗？他们常采用的支付方式是什么？（支付宝？网银？还是其他）（级别）
4. 了解到的业务员有没有使用到智能手机？他们使用智能手机的状况如何？是否会通过智能手机购买、消费、下订单等呢	4. 他们有使用过安利商务随行软件购买产品吗？购物过程觉得顺利方便吗？您觉得在使用过程遇到最大的问题是什么？（级别）（APP 里面已付款功能中是否有"重新下订"的功能）

续表 2-4

共性问题	询问不同角色的状态 （你所了解的 5 种角色的状态）
5. 你们可以提供一下业务员之间的关系吗	—
6. 是否了解你们的业务员普通的购买方式？（是网购还是直接在店铺购买）你们的业务员是否会一次性购买大量产品，即使没有客户向他购买（他们是否会囤货）	—
7. 你们的业务员到店铺后一般会做些什么	—
8. 你听说过的业务员中，使用过这款应用的人多不多？他们用了之后，有没有像其他人推荐	—

第三步：用户分类。通过对现有的用户进行分类，理解用户真正需要什么，从而知道如何更好地为不同类型的用户服务。用户分类的依据是现有数据，通过分析现有数据，抽取区别用户的属性。见表 2-6。

表 2-6 用户分类案例

男女比例	9：18
年龄及人数	20～29 岁 1 人
	30～39 岁 12 人
	40～49 岁 10 人
	50 岁 4 人
所在城市分布	一线城市：9 个
	二线城市：5 个
	三线城市：6 个
	四线城市：7 个

第四步：创建角色。通过分析现有数据，获得区别用户的属性，结合现有用户在各属性内的分布情况，创建角色。尽量做到创建的角色能够覆盖所有软件可能的用户。见表2-7。

表2-7 创建角色案例

人物角色
基本信息
姓名：李××  年龄：45岁 性别：男 婚姻状况：已婚 教育程度：初中 所在城市：广州 家庭背景：有个美满幸福的家庭，女儿读初中，妻子开有一家服装店 性格爱好：沉稳顾家，坚忍，有上进心，爱好健身，打篮球
与某公司的关系
• 初中毕业后独自一人到广州闯荡，做过很多种工作，2004年再次下岗后跟朋友去听某公司的讲座后被深深吸引，之后加入某公司全职工作至今八年。
• 常在店铺和"易联网"帮助采购，不常用APP购物。每天大概把9个小时投入在某公司事业中。每月都会要求自己完成一定的销售额。通常一次性会购买许多种产品。平时会依据客户的需求储备一些产品。一般选择把产品送到家里，出差时偶尔会改为将产品直接送到客户家或先送到伙伴家里。需要更改地址的情况不少。他的客户一般是亲朋好友及熟人，购买的产品种类涉及较广。会帮伙伴下单，一般都是在店铺帮伙伴下单
计算机与Web使用情况
• 家里有一台台式机，自己有个人的笔记本，常使用笔记本电脑完成采购、查询个人业绩
• 上网频率一般。上网一般浏览新闻或看球赛，网购经验丰富。对电脑的基本生活娱乐应用比较熟悉。使用过易联网购买相关产品

续表 2-7

智能手机与 APP 使用情况
• 现在使用某品牌手机。常用来打电话，联系业务，发短信等。也会用来上网，查看时事新闻，有过手机网购的经验 • 使用过安利商务随行，由于用来查看业绩很方便，因此多用于查业绩，但只有外出不方便使用电脑时，才会用手机 APP 购买产品
用户目标
• 由于无法采用店铺自提方式，购买的产品种类涉较广，希望 APP 中的购物车和合并订单的功能可以比较强大 • 希望满足平时购买相关产品的需要 • 希望可以有个随时可以查看库存的功能，因为老是会遇到买好东西后发现没有库存的尴尬局面

第五步：创建场景。从角色的角度出发，描述特定角色与软件之间的交互，关注设计的场景中每一步可用的功能。依据不同角色的不同用户目标，创建场景。给每个角色创建一个场景，最后共创建了五个场景。通过场景，我们可以检查是否对所有有需要的功能都已进行说明。见表 2-8。

表 2-8 创建场景案例

场景描述	某天，某宾馆房间里，李××出差在外，收到老客户的短信，订购"儿蛋草莓"2 瓶。李××担心出差回去后把忘掉此事，于是打算使用安利商务随行先下单，等出差回去后再去店铺提货
主任务	出差途中，使用安利商务随行进行下单
用户目标	希望该软件能够简单，快捷地进行下单

第六步：任务分析。从场景出发，对主任务进行分解，从子任务、场景、影响、痛点和功能五个角度分别对分解的步骤进行说明。由于项目的目标是优化软件流程，于是，在此之后我们添加了流程图部分，以及针对场景中出现的问题的解决方案和原型。通过任务分析，可以更清楚地了解软件的使用环境，

能够帮助我们发现软件的设计缺陷。见表2-9。

表2-9 任务分析案例

Task	登陆APP	搜索产品	将产品加入购物车	取消下单
Scenario	李××在收到短信后，打开APP，输入安利密码。点击"在线登录"，进入安利首页	点击"在线购物"，进入产品列表，在搜索框输入"儿蛋草莓"，按"搜索"图标进行搜索，在搜索结果中选中"儿蛋草莓"，进入产品信息页面	点击"马上购买"，进入到购买产品页面，选择下单方式为店铺自提，修改购买数量为2，点击"确认购买"，提示库存不足，无法下单	李××放弃购买，退出程序
Influence	成功登陆	搜索成功，顺利进入所需产品详情页面	没有及时提供库存情况导致用户需要修改送货方式或索性放弃购买	
Pain Point	登陆速度过慢，影响效率	搜索框没有提示信息，提示可输入产品名称或产品编号	产品库存在购买之前没有提示	
Function			在产品详情或者产品目录显示库存情况，可以及早提示客户	
流程图	首页 → 全部功能 → 产品列表 ↓ 提示产品没有库存			

续表2-9

修改方案	原 型
在用户触发添加到购物车操作时判断该产品的库存，库存充足的可以添加并修改数量，库存不足的，将出现提示并无法加入购物车	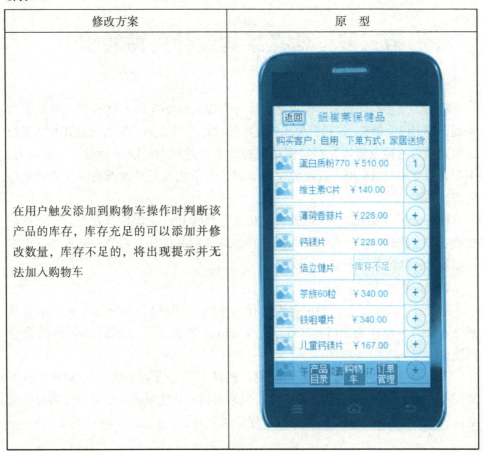

第三节　信息架构设计网站实例

项目简介：本项目的出发点是设计一个以人机交互为主题的 RSS 资源聚合系统，即 HCI@ RSS。这是一个比较完整的网站设计案例。项目从最开始的系统定位到最后的视觉定位，在对网站架构的设计过程中，设计者做了很多努力。下面通过介绍 HCI@ RSS 系统的设计流程，希望能够帮助读者更好地消化前面的理论知识。

项目背景：系统是一个以人机交互为主题的 RSS 资源聚合系统。用户可以在该系统上获取、阅读和管理人机交互领域的相关信息。它是一个集知识库和阅读器为一体的学习交流平台。

案例流程如下。

第一步：系统定位。确定要设计什么系统（网站）、功能是什么。本案例最终系统的名称定为 HCI@ RSS，是一个以人机交互为主题的 RSS 资源聚合系统。

第二步：竞品分析。在这个阶段，选择了三个竞品网站，分别是 Google Reader、Digg、抓虾网，从系统定位、网站布局、功能组成、交互设计和视觉元素这五个方面对每个网站进行分析。分析结果如下。见表 2–10 至表 2–13。

表2-10 不同网站竞品分析

说明 网站	特性对比			共性/特点	设计思考
	Google Reader	抓虾网	Digg		
分类的呈现方式及目的	(截图：关于音乐、Gfans、Google黑板报、Google...、GSeeker、The Official Google Blog、加米博客、不许联想、叶年乱弹琴！Playin' with IT、月光博客) 1. 采用树状结构 2. 实现对源的分类整理	(截图：Clothes(100+)、films、摄影客电影推荐-GMovier、新手试用频道(100+)、Photoshop教程(100+)、Seezle-品牌/流行趋势/设...、Skydesign-互动新媒体(100+)、广告创意、葡根-寻找全球同款杂志、一天一点创意(100+)、有创意吧·享受视觉上的创意设计·分享PS...(100+)) 采用树状结构的形式，对源进行分类整理	All Topics Business Entertainment Gaming Lifestyle Offbeat Science Sports 以分类列表的形式对条目进行查找，不需要通过源的的查找	共性：都对条目成源进行分类整理；特点：1. 通过分类整理，实现对源或条目的整理。2. 让用户把自己所需的信息集中	1. 通过分类组织信息，方使用搜索、查看。 2. 网站的首页，以标签形式呈现分类，用户点击即可看到相关条目。 3. 对于注册用户，其个人阅读器主页，采用树状结构，对源进行整理分类

表2-11 不同网站的功能分析

Google Reader：用户订阅站点，GReader 则负责发布这些站点的更新
基本功能：满足用户个性化的订阅，以及收藏的需求。
扩展功能：满足用户社会化的交往需求，如分享

Digg：实质是文章投票评论站点。
基本功能：阅读文章（My news、Top news、Upcoming news）
扩展功能：任何用户随意提交文章，由其他用户投票决定文章的去留

抓虾网：搜集了一些优秀的源供用户阅读，同时支持用户自己的订阅更新。
基本功能：浏览内容、订阅频道。
扩展功能：用户可对文章进行评论和打分

表2-12 不同网站的包含项目

分类（包含与否）	GReader	Digg	抓虾网
频道大全	否。用户使用一段时间后根据用户习惯推荐源	否。由户直接贡献条目不涉及源。	是。有频道大全对源分类并推荐热门源
趋势图	是（用户个人）	否	否
标签云	否	否	否
热文推荐	否	是	是
收藏、推荐评论email	是	是	是
发到站外	是	是	否
关注某人	是	是	是（加为好友）

表2-13 不同网站其他特征

分类	GReader	Digg	抓虾网
列表状态	加星、标题、摘要、日期、回原文	DIGG、缩略图、所属源、评论数、save、时间、bury	推荐数量、推荐、收藏、推荐用户、文章时间、点击标题单篇展开
全文状态	打星标、标注喜欢、共享、共享备注、电子邮件、保持为未读状态、修改标签、发送到其他网站、所在分类链接	DIGG的人数、DIGG的Button、缩略图、所属源、save、时间、report（报告此条目有问题）Email、分享到其他网站。评论列表，以及评论的回复，评论的支持人数，评论的排序（最早或最新）、收起或展开评论的回复	推荐数量、推荐、收藏、查看原文、文章时间（文章首部）折叠、推荐、收藏、打标签（提示大家所用标签）、发email（文章末部）点击标题单篇折叠

续表2–13

分类	GReader	Digg	抓虾网
展开文章	点击标题展开再点击标题折叠（列表状态下）	点击摘要、评论	点击标题展开再点击标题折叠（任何状态下）
回到原文	点击蓝色大标题或者标题后一个向前的箭头	点击标题	点击查看原文的链接

第三步：用户调研。该阶段主要采取了两种方法，包括情景调查和深度访谈。通过两种调研方法，获得网站使用对象的相关数据和信息。然后，在调研结果的基础上，创建了用户角色三个和对应的角色使用场景。见表2–14。

表2–14 用户调研案例

用户、场景建模
角色：GIGI
基本资料：大二学生，刚接触交互设计，并对此非常感兴趣，想对这个行业有更多的了解。另外，她在学习交互设计的课程，对学习上遇到的一些问题需要搜索资料或者寻求其他帮助
场景
时间：晚上十点
地点：宿舍
现在是休息时间，GIGI打开RSS阅读器想看看今天更新的文章 • 她发现了一篇文章，对交互设计行业有一个比较全面的概述，她觉得这篇文章挺好的，以后可能还会再看，于是她点击了"收藏"，把这篇文章收藏了起来； • 但是文章中还有两点她不是很明白的，因为用的是专业术语。她把关键字复制到搜索引擎去进行搜索，发现搜索出来很多杂乱的结果； • 她又回到阅读器，粘贴关键字并点击条目搜索（新功能：选择关键字并点击搜索）

第四步：信息架构设计。这一阶段对于设计新的网站和对旧有网站的设计

来说非常重要。在本项目中共进行了四步工作，分别是组织系统设计、标签系统设计、导航系统设计和搜索系统设计。

（1）组织系统设计。根据网站内容，选择适合该网站的组织系统，就HCI@RSS系统而言，最终选择按主题的组织系统；此外，从内容排列上来看，本项目选择了自上而下的组织结构。如图2-9所示。

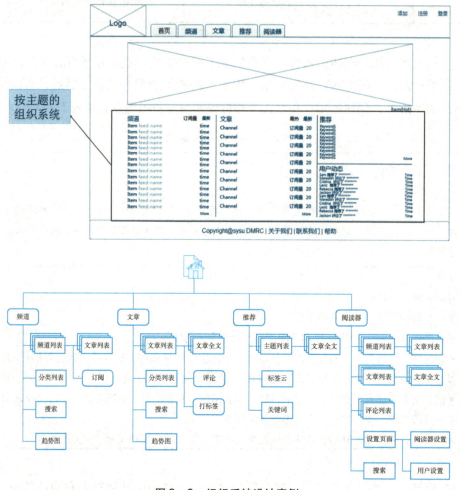

图2-9 组织系统设计案例

（2）标签系统设计。标签对于网站来说是十分重要的，无论是使用网站者还是设计网站者，在本项目中，设计人员利用用户搜索日记分析（Google 关键词分析工具）设计分类索引。如图 2-10 所示。

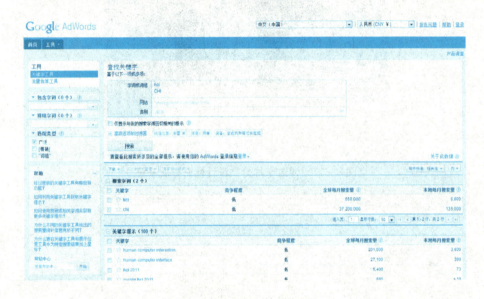

图 2-10　标签系统设计案例

（3）导航系统设计。导航和标签一样，是一个能引导用户找到他想要找的指定内容的工具，在本项目中，设计人员通过卡片分类这种方法设计了网站的导航系统的选项。如图 2-11 所示。

（4）搜索系统设计。当用户到某个网站且清楚地知道自己要找什么信息，但是却没有在首页或导航中看到相关信息时，搜索系统是非常有用的。HCI@RSS 系统作为一个以人机交互为主题的 RSS 资源聚合系统，是一个以内容为主的网站，无论以何种方式组织网站内容，总是会存在"漏网之鱼"，这个时候，搜索系统就能帮助用户快速找到任何他需要的内容。因此，在本项目中，设计人员也给该系统设计了搜索系统模块。如图 2-12 所示。

图2-11 通过卡片分类设计网站导航系统

图2-12 搜索系统设计案例

第五步：视觉设计。最后，在信息架构的基础上，选择一种视觉风格，进行网站的视觉设计，最后完成了网站的设计。如图2-13所示。

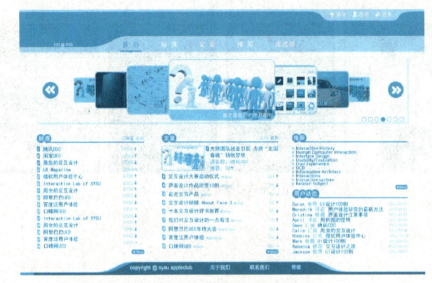

图 2-13　视觉设计效果示意

此外，在做网站设计的同时，上述设计思路也适用于手机、平板电脑等终端的应用设计。如图 2-14、图 2-15 所示。

图 2-14　手机终端的应用设计界面

图2-15 平板电脑终端的应用设计界面

第三章 内容分析

第一节 什么是内容分析

内容分析是一个过程，通过分析来理解内容；帮助确定信息产品的模式，梳理内容的关系；集中点不在某一个页面上，而是内容的每一个组成元素上。

思考网站上需要什么样的内容，选择的内容不仅要满足使用网站的用户的需求，还要能够实现项目目标。可以从下面几个方面获取内容：①现有数据和内容；②用户调研；③内容头脑风暴；④竞品分析。

第二节 内容分析的过程

内容分析有以下几个步骤，如图 3-1 所示。

1	知道自己有什么
2	思考网站需要的东西
3	与所在小组的成员讨论并总结意见与建议
4	细化内容并设置优先级

图 3-1 内容分析的过程

第三节　内容规划

一、确定内容细节

内容细节包括内容模式、内容长度、受众、任务、准确性、内容更新周期等,如图3-2所示。

图3-2　内容细节

(一) 内容模式

内容模式指的是将数据转化为可显示信息的编码格式。针对每一种格式的内容,包括音频、视频、文字、图像等,最好有一种对应的内容模式。经过前人的实践和积累,目前已经有了许多种内容模式,包括音频编码、视觉数据编码、运动图像编码、指令编码等,可根据内容类型,选择适合的内容模式。

(二) 内容长度

创建网站IA时,先给定一个基础的信息量。应注意的是要准确知道内容长度。如果正在使用现有的内容,检查最长和最短的特定类型信息,看看哪些可以结合；如果是使用全新的内容，选择两个核心页面，让自己对长度有一定的概念。

（三）受众

检查是否有针对特殊受众的内容，如果有，体验这些内容，并找到与之对应的受众。当进行 IA 设计的时候，这些定位会帮助设计者决定其设计是否合适，并且判断受众在什么情况下会用到这些内容。

（四）任务

这里的"任务"指的是用户通过目标产品达到某种目标。在确定内容细节的时候，考虑用户使用产品的行为，了解用户可能使用产品完成的任务，并分析这些任务。确定用户的任务，找出完成这些任务会涉及的内容，做到提供的内容能够尽量多地满足这些任务，从而丰富内容细节。

（五）准确性

无论是设计一个全新的产品还是对已有产品进行优化，我们都需要搭建信息架构。从旧架构中转移内容到新架构时，就需要评估现有内容的准确性，包括旧框架的内容是否适合新架构，是否需要删减或增加新的内容。如果只是照搬旧内容到新架构中，那就是换汤不换药，根本没有做到优化。

（六）内容更新周期

在设计网站和应用架构的时候，我们需要注意一个问题，很多网站和应用的内容需要不断更新，因此在设计他们的信息架构的时候，应该考虑内容的更新频率和类型，这样才能保证一个好的信息架构。

二、为内容设置优先级

当我们设计的信息架构需要的内容过多的时候，就需要做另外一件事——为内容设置优先级。下面简单介绍几种基于项目和内容确定优先级的方法。

（一）制订增加内容计划表

这种方法主要是针对周期性或季节性的内容。周期性的内容是指按照一定的时间周期更新的内容,季节性的内容指更新情况与季节相关的内容。这两种情况有一个共同的特点,即可以总结出它的更新特点。因此,我们可以针对特别的内容制订增加内容计划表。

(二) 评估价值与成本

当我们面向的内容既不是周期性,也不是季节性的内容的时候,可以通过评估内容的价值与成本,确定内容的优先级。此时需要建立一个坐标系,一个坐标轴代表价值,另一个坐标轴代表成本。通过评估内容能产生的价值和发布成本,对内容进行分类,帮助确定优先级。一般情况下,应分成三个阶段:第一阶段是低成本、低价值的内容,这种内容能够实现双赢;第二阶段是中成本、中价值的内容,这种内容一般是核心内容;第三阶段是高成本、高价值的内容,这种内容虽然能够产生巨大的效益,但同时也需要很高的成本,是需要慎重考虑的一类内容,如图3-3所示。当然,不是所有的内容都能分成这三个阶段,如果是高成本低价值的内容,则不应该过早发布。

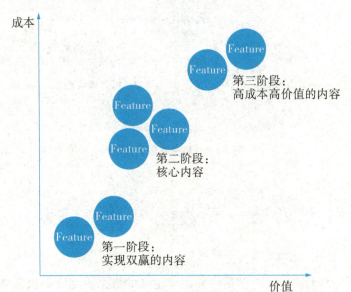

图3-3 评估价值与成本的坐标系

（三）建立评分系统

除了评估价值与成本外，也可以通过建立评分系统设置内容的优先级。一个评分系统一般会包括四个内容：内容的重要性、是否过时、内容多少和更新后用户的接受速度，如图3-4所示。每个内容按照1到10共10个等级打分，分数越高的内容越重要，且内容越新、越少，用户越容易接受。评分完毕后，根据总和分数的高低设置优先级，分数越高的内容和核心内容优先考虑。

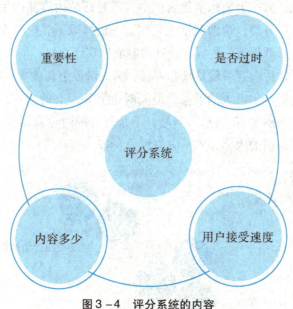

图3-4 评分系统的内容

第四节 元数据与受控词表

对数据处理而言，元数据是一种用于定义的数据，能够提供其他被某种应用软件或环境所管理的数据的相关信息或说明。它可能包含描述性信息，用来说明数据的情境、质量、状态或者特征。

所谓的受控词表，就是上述元数据的集合。它可以是一张等价术语的清单，可以是一张优选术语的清单，可以用来定义术语之间的等级关系，也可以用来建立概念之间的关联模型。下文将介绍四种受控词表的种类，包括同义词环圈、规范文档、分类体系和叙词表，如图3-5所示。

图3-5　受控词表

资料来源：Peter Morville, Louis Rosenfeld. Information Architecture for the World Wide Web: Designing Large-Scale Web Sites. 3rd edition. CA: O'reilly Media Inc, 2006.

一、专业术语

在做受控词表前，我们首先要了解一些专业术语。

（1）优选术语：也称为可接受术语、可接受值、标题词、描述语。所有的关系都是根据优选术语定义的，可以说优选术语是受控词表的核心部分。

（2）异形术语：也称为入口词或非优选术语。它的定义与优选术语等价，或大致上同义，可以理解为优选术语的变异形式。

（3）上位类术语：是优选术语的上层术语，在等级中属于较高一层。

（4）下位类术语：是优选术语的子术语，在等级中属于较低一层。

（5）相关术语：它是通过相关关系与优选术语连接。这种关系通常用"参见"的方式说明。

（6）用：也可以理解为"见"，常用来表示异形术语用优选术语，或者异形术语见优选术语。

（7）代：是指优选术语代替异形术语的相互关系。用于列出所有与优选术语相关的异形术语的一种方式。

（8）范围注释：本质上是优选术语定义的特定类型，用来限定术语的意义,尽可能地去掉模糊性。

二、同义词环圈

同义词环圈是把一组定义为等价关系的词汇连接起来,以供搜索之用,如图 3-6 所示。事实上,这些词汇并不是真正的同义词,而是那些用户在搜索目标时可能用到的其他词汇。例如,想搜索与信息架构相关的信息,我们可能输入"IA",也可能输入"Information Architecture"。

图 3-6 中的同义词环圈是一个围绕"disease"的同义词环圈,用户想搜索"disease"的时候,可能会有"illness""sickness""sick""ailment""pathema"等与之类似的单词。

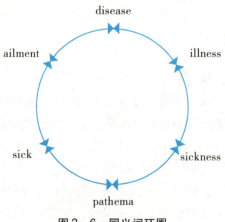

图 3-6 同义词环圈

三、规范文档

规范文档放的就是一份优选术语或者可接受值的清单,不含有词形变化或同义词。事实上,规范文档通常包含优选术语和异形术语。换句话说,规范文档也是一种同义词环圈,只是其中的词汇更加专业规范,如图 3-7 所示。当用户浏览网站的时候，如果我们把所有的同义词、简写、缩写及常见的错误拼法都体现在网上，对用户来说是难以承受的，视觉上也会很混乱，这个时候就需要使用规范文档来确定网页显示的优选术语。

图3-7中的某公司的产品索引页面可以看成一个规范文档，它规范了该公司所有产品的类别，所有的产品都分成了索引页里面的类别。通过这种方式，可以给该公司的所有产品一个明确清晰的分类。

图3-7 某公司的产品索引

四、分类体系

所谓的分类体系，指优选术语的等级式排法。目前世界上用得最广泛的分类系统是诞生于1876年的杜威十进制分类法（DDC[①]）。它最简单的形式是一

---

① 关于 DDC 的介绍详见 http：//www.oclc.org/dewey/about.en.html。

个等级式的清单，由 10 组最顶层的类目开头，在每个类目内逐一往下延伸细节。这种方法可以用在搜索情境中，也可以帮助信息架构师在后台组织文件，为文件制订标签，如图 3-8 所示。

000-总论
100-哲学与心理学
200-宗教
300-社会科学
400-语言
500-自然科学和数学
600-技术（应用科学）
700-美术
800-文学
900-地理、历史及辅助学科

图 3-8　杜威十进制分类法的 10 个大类

五、叙词表

叙词表是一种概念的语义网络，可把词汇和同义词、同音异义词、反义词、上位类术语、下位类术语，以及相关关系术语连接起来。通过叙词表，可以识别出词汇之间的等价、等级和相关关系，以改进信息检索。其中，等价关系是同义词管理的焦点；等级关系是把优选术语分成类别和子类别。相关关系提供了有意义的连接，而这种有意义的连接并非由等级关系或等价关系处理。

图 3-9 可以看成是叙词表的一个模板。以优选术语为中心，可找出与优选术语相关的上位类术语、下位类术语、异形术语和相关术语。叙词表中不仅要包含这五种术语，还要体现出这些术语之间的关系，包括等级关系、等价关系和相关关系。

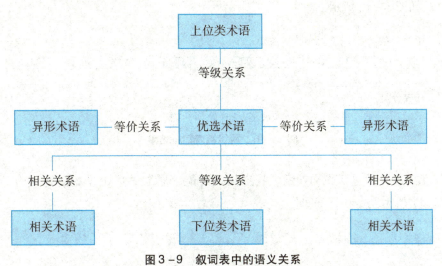

图3-9 叙词表中的语义关系

资料来源：Peter Morville, Louis Rosenfeld. Information Architecture for the World Wild Web: Designing Large-Scale Web Sites. 3rd edition. CA: O'Reilly Media Inc, 2006.

六、案例

（一）项目简介

某集团网站设计项目通过进行商业目标设计、用户研究、用户体验、交互设计、视觉设计，以及最终的系统开发与实现，实现了优化集团网站，增大网站访问量，提高网站使用率的效率。

（二）目的

通过关键词分析，确定网站上的词汇，增加网站的用户访问量。找出中英文中可突出的关键词和与"智能家居"或"smart home"搭配出现的词，最后对某集团网站的关键词进行总结。

（三）实施步骤

第一步：在检索的检索结果里找出"智能家居"的同义词（以项目时间为

准),如图3-10所示。

相关词条:

楼宇自控 楼宇弱电工程 智能工程 智能化小区 家庭自动化 远程监控
楼宇自动化家居智能化 楼宇智能化 智能小区 一卡通

开放分类:

装修, 系统集成, 弱电, 智能建筑, 智能小区

图3-10 网络检索词条结果

第二步:通过互联网搜索,找出与"智能家居"关联出现的搭配词语,如图3-11所示。

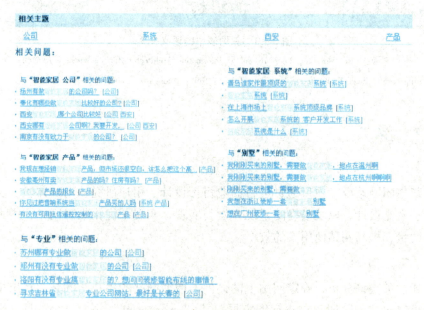

图3-11 互联网搜索结果

第三步:在检索引擎中,找出与"安防"搭配出现的词语,如监控、监视、报警、方案等,检索结果如图3-12、图3-13所示。

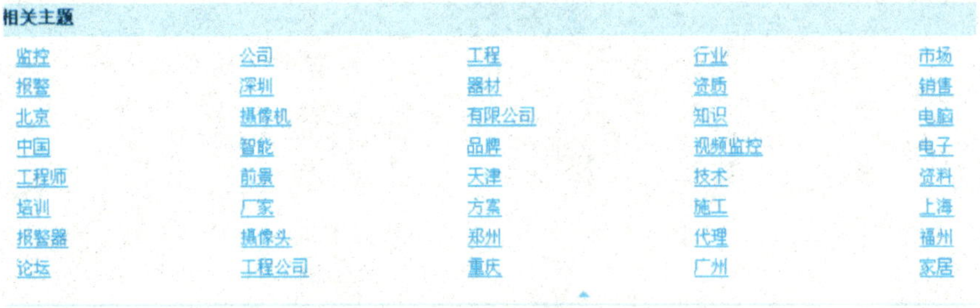

图 3-12 互联网搜索相关主题

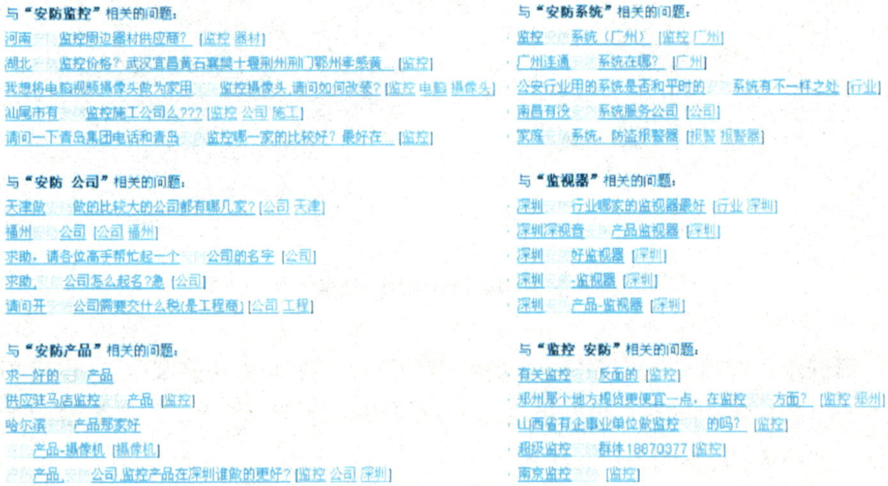

图 3-13 其他相关主题

第四步：通过 webmaster tools，seo web chart，seobook 等软件工具，找出"smart home"的同义词，如图 3-14 所示。

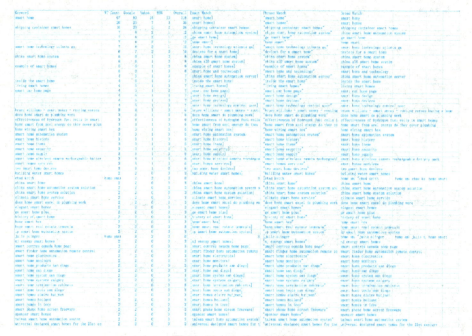

图 3-14 seobook 结果

第五步：查询 Google Adwords 的关键词建议。搜索"智能家居"，得出相应的分析结果，包括与输入词组相关的关键词和其他供参考的、其他关键词参考文件，如图 3-15、图 3-16 所示。

图 3-15 输入词组相关的关键词

关键字	估算广告排名	广告客户竞争(	大致搜索量：12月	大致平均	十一月	十二月	一月	二月	三月	四月	五月	六月	七月	八月	九月	十月
家居	2	0.93	1220000	1000000	0.62	0.44	0.39	0.35	0.64	0.47	0.44	0.44	0.63	0.76	1	0.73
家居 饰品	2	0	135000	90500	0.08	0.07	0.06	0.06	0.13	0.09	0.08	0.11	0.22	0.17	1	0.3
	2	0	60500	60500	0.98	0.92	0.77	0.82	0.92	1	0.8	0.63	0.8	0.74	0.77	0.84
智能 化	2	0	60500	60500	0.68	0.69	0.61	0.56	1	0.89	0.88	0.82	0.85	0.81	0.82	0.88
	2	0.33	49500	49500	0.92	0.91	0.88	0.86	1	0.9	0.84	0.8	0.78	0.7	0.92	0.96
智能 交通	5	0	40500	40500	0.8	0.85	0.79	0.68	1	0.87	0.9	0.81	0.84	0.85	0.84	0.89
家居 时尚	2	0	33100	27100	0.63	0.47	0.4	0.41	0.66	0.66	0.57	0.58	0.75	1	0.6	0.75
智能卡	5	1	33100	49500	0.2	0.18	0.16	0.13	0.24	0.22	0.22	0.21	0.57	1	0.2	0.22
生活 家居	2	0	33100	33100	0.02	0.03	0.03	0.04	0.06	0.04	0.05	0.06	0.06	0.05	1	0.13
门禁 系统	5	0.26	27100	27100	0.7	0.68	0.63	0.42	0.84	0.8	0.77	0.8	0.97	1	0.66	0.67
	5	0	27100	27100	0.71	0.76	0.68	0.6	1	0.92	0.94	0.86	0.85	0.8	0.78	0.89
创意 家居	2	0.26	22200	22200	0.58	0.81	0.63	0.47	0.64	0.69	0.6	0.68	0.75	1	0.56	0.66
	6	0	18100	18100	0.82	0.66	0.6	0.49	1	0.94	0.86	0.81	0.74	0.73	0.79	0.77
	6	0	18100	18100	0.53	0.69	1	0.43	0.71	0.62	0.57	0.66	0.63	0.6	0.49	0.51
智能 网络	2	0	12100	9900	0.93	0.96	0.73	0.54	0.99	1	0.99	0.89	0.74	0.74	0.79	0.96
停车 场 系统	5	0	12100	9900	0.56	0.66	0.58	0.47	0.88	0.92	0.96	0.98	1	0.82	0.85	0.97
	9	0	9900	8100	0.82	0.75	0.68	0.47	0.98	0.91	0.93	0.87	0.9	0.88	0.88	1
加盟 家居	2	0	8100	8100	0.3	0.29	0.24	0.27	0.41	0.39	0.32	0.34	0.64	1	0.39	0.37
	5	0	8100	5400	0.51	0.45	0.4	0.36	0.69	0.63	0.61	0.55	0.67	0.64	1	0.91
智能 小区	6	0.33	8100	8100	0.74	0.75	0.64	0.47	1	0.91	0.99	0.81	0.89	0.79	0.81	0.77
电力 仪表	2	0	6600	6400	0.76	0.78	0.79	0.69	1	0.91	0.82	0.84	0.88	0.83	0.83	0.91
	2	0	5400	4400	0.43	0.47	0.49	0.78	1	0.58	0.66	0.45	0.46	0.48	0.42	0.63
杂志 家居	2	0	4400	5400	0.96	0.78	0.7	0.61	1	0.8	0.79	0.81	0.79	0.63	0.66	0.76
可 视 对 讲 系统	9	0	4400	4400	0.44	0.47	0.52	0.67	1	0.65	0.58	0.49	0.46	0.41	0.6	0.52

图 3－16　其他关键词

第六步：根据综合竞争程度、平均搜索量、广告排名等因素，确定选择的主要关键词和其他参考关键词，并进行总结，如图 3－17 所示。

中文网站中可突出的关键词包括：智能小区、远程监控、家居之智能、家庭自动化、监控、视频监控、家庭背景音乐、可视对话 智能家居搭配出现的词语包括：别墅、系统、产品、公司、专业、控制、设备、楼宇、设计	英文网站中可突出的关键词包括：automation,control, smart home programme,smart homes,home smart “smart hone”搭配出现的词语包括：China, devices, technology,design,devices, server

图 3－17　关键词分析结果

项目案例的流程如图 3－18 所示。

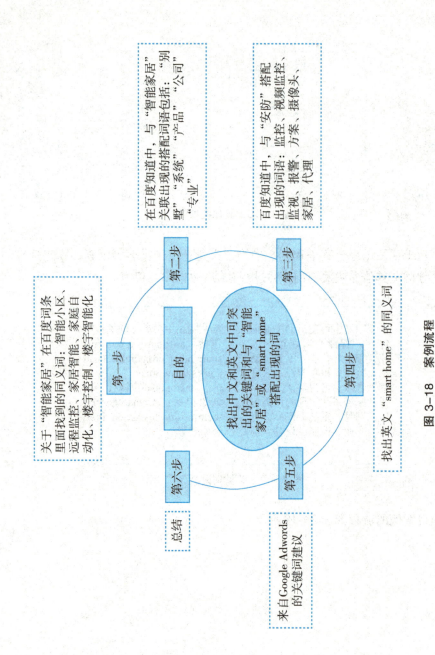

图 3-18 案例流程

第四章

设计信息架构

第一节　概念地图

概念地图是一种大图片的呈现方法，属于一种语义网络的可视化的表示方法，呈现了想法和概念之间的关系。为了进行更多讨论，并获得早期的共识，概念地图通常不会是"最终"的设计文档。

如图4-1所示，A是一个节点，代表了概念，它可以用几何图形或图案等符号表示；B是节点间的连线，代表了概念之间的关系，连线可以是单向的、双向的，也可以是无方向的；C是连接词，是对概念之间关系的文字描述。概念和关系通过节点和连线按照顺序排列起来，生成一张概念地图。

图4-1　概念地图模版

图4-2是一个以概念产品为中心的案例。此案例将概念产品可能提供的功能、内容、形式等通过文字和几何图形表示出来，不同元素之间的关系则通过线条、箭头和说明文字表达。为了更清晰地梳理出概念元素和它们之间的关系，可以用不同的颜色区分功能、内容、形式等元素。

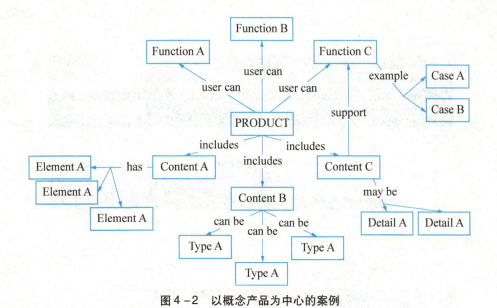

图 4-2 以概念产品为中心的案例

第二节 选择分类方案

一、准确方案

（一）按时间顺序

按时间顺序就是根据事件发生的时间顺序对内容进行分组。这种方案适用于时间作为一个关键因素的时候，一般适用于与新闻、博客、历史、电视指南、活动列表相关的网站上。

图 4-3 是美国 CBS 电视台官方网站的截图，因为对看电视的用户来说，播什么节目、什么时候播是非常重要的，因此，这个页面的内容是按时间顺序进行排列的。当网站的内容与时间有密切的关系，或者网站用户有使用时间这个变量去查看内容这个需求的时候，一般建议采用时间顺序进行排列。

图 4-3　美国 CBS 电视台官方网站截图

图片来源：http://www.cbs.com.

（二）按字母排序

按字母排序就是按照首字母的顺序对内容进行排序。这种方法适用于对已知事物的查找。一般情况下不会把按字母排序当作主要的内容分类方案，除了两种情况：一是字典，二是已明确排序对象的名称。

图 4-4 是美国国立生物技术信息中心（NCBI）的网站截图。该页面将中心的所有研究成果按字母顺序排列，方便用户查找信息，特别是当用户清楚自

己的目标的时候。

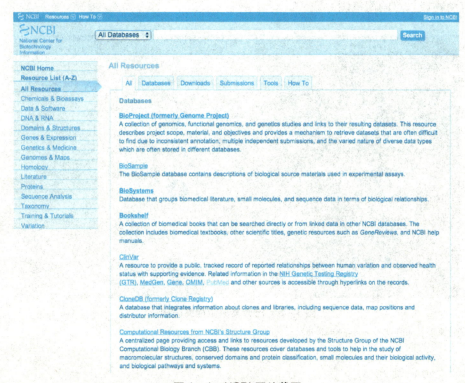

图4-4　NCBI 网站截图

图片来源：http：//www.ncbi.nim.nih.gov.

（三）按地理位置

按地理位置分类适用于把地理位置作为关键属性的内容时。选择按地理位置这种方案的时候需要注意两个问题，一是用户希望通过这种方式获得信息，其二，也是更加重要的，用户能理解地理位置的呈现方式，地图可以是比较详细的。

图4-5是一个巴西的旅游网站截图，图中以巴西地图为背景，每个小圆是

一个景点，鼠标移上去，该景点的照片会放大。除此之外，地图上的其他位置，有动物或景点的简笔画。

图 4-5　巴西某旅游网站截图

图片来源：http://www.intobrazil.net.

（四）按格式分类

这种方式经常用于教育类网站（有视频、文章和教程）和内含大量文章、访谈的网站。一般不会把按格式分类作为主要方式，因为一般用户的习惯是先确认自己想看什么，然后选择格式。

Bing（又称 UQBing），是一款微软公司于 2009 年 5 月 28 日推出的用以取代 Live Search 的搜索引擎。由于搜索内容庞大，所以有一个对象格式的分类，包括新闻、图片、视频等如图 4-6 所示。百度和 Google 首页也是一样。当用户明确自己要找的对象的格式的时候，在搜索前先进行一轮筛选，对用户来说是不错的体验。

图 4-6　Bing 首页截图

图片来源：http://www.bing.com。

（五）按组织结构

这种方案对于作者来说是极好的，因为作者可以将信息按自己整理的方式放进相应的部分。但这种方式存在一个最大的问题，这些信息的获取者需要知道网站架构的具体编写逻辑。所以总的来说，这并不是一种很好的方案。

图 4-7 所示网站是 2013 年 9 月上映的电影 The Fifth Estate《危机解密》的宣传网站。整个网站共分成八个部分，分别是首页、预告片、剧情简介、演职员表、画廊、下载、"成为第五种身份的人"和购票。由于这种类型的网站时效性较短，且针对性很强，所以适合按照网站作者的组织结构对内容进行排序。

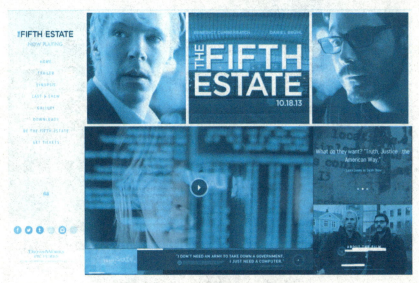

图 4-7　《危机解密》宣传网站

图片来源：http://www.thefifthestatemovie.com。

二、模糊方案

(一) 任务

我们经常会发现,同一个内容有时可以应用于不同任务中,因此,按任务划分的方案比较适合任务量不多、界限清晰且内容易于划分到不同任务中的情况。

图4-8是Aksarben Village(阿克萨本村)的网站截图,网站主题是该地方的地图简化图。用户选择不同的任务,地图凸显出来的部分就不一样。使用时既可以选择查看整体,也可以选择查看局部。

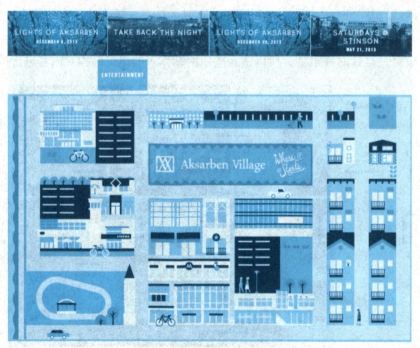

图4-8 Aksarben Village 网站界面

图片来源:http://aksarbenvillage.com.

（二）受众

这种方案适用于且仅适用于：①受众可被分组，且界限清晰。②用户能辨认自己所属的组别。③内容在不同受众组别之间没有太多重叠。

宜家家居里面的小孩家居是针对小朋友划分的模块，在这个模块下，又将内容分成"baby"、"children"、"children 8～12"和"series"。下图所示网站是一种比较典型的按用户分类的分类模式，如图4-9所示。

图4-9 宜家家居 IKEA

图片来源：http：//ww.ikea.com/en.

（三）主题或话题

简单地说，这种模式就是按照一定的主题或话题，把相似的东西归类放置。这种分类方案常常会用于设计公司或设计师的个人主页。

图4-10展示的是一个设计公司的网站。在成果展示部分，该个站将自己

的作品按"Web design""Game app"和"Social media"三类做了简单的分类，可以把它理解为"按主题分类"。

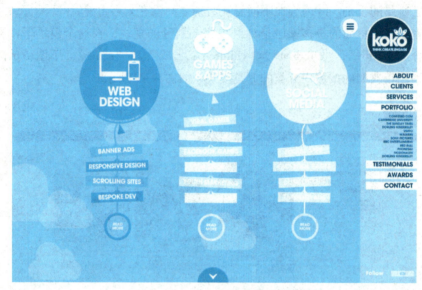

图 4-10　某设计公司网站界面

图片来源：http：//www.kokodigital.co.uk.

（四）组合方案

除了上面提到的准确和模糊方案外，我们也可以把每个层级的分类方案混合起来；在一级分类中选择一种分类方案，然后在其他层级中使用不同分类方案；在整个内容安排上，可以使用不止一种分类方案。我们把这种分类方法称为组合方案。

一般的大型购物网站或内容较丰富的网站都会采用混合的内容分类模式，因为通常这类的网站很难用单一的分类模式厘清所有的内容，如图4-11所示。

图 4–11　某购物网站截图

图片来源：http://www.amazon.com.

第三节　选择 Web 信息架构

一、简单模式

（一）层级结构

在层级的概念中，类与目之间的关系是父子关系，或者是广义与狭义的区别，即抽取为更广义的群组或者是分解为更具体的群组，如图 4-12 所示。

层级结构可以描述为扁平式和锥形式。扁平式的顶层有很多类目，但层级数较少；锥形的层级结构特点是顶层类目较少，但层级数很多。

层级结构是组织信息所使用的最简单和常规的方法，适用范围很广。它尤其适用于小型站点，仅仅需要一些简单的层级——顶层（首页）、若干二级页面和底层的详细页面。同样，层级结构对大型站点也适用，尤其是对于那些内容复杂多样的网站而言，如图4-12所示。

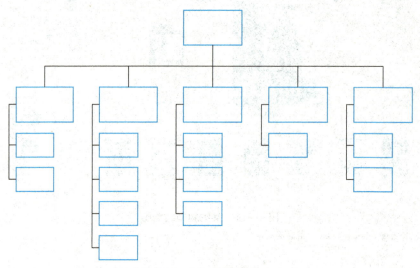

图4-12 层级结构

资料来源：Paul Mijksenaar. Visual Function：An Introduction to Information Design. Princeton：Princeton Architectural Press，1997.

层级结构的案例可参见雷克萨斯官方网站，如图4-13所示。网站的一级层级分别有"home""journey""LSDNA""2013LS""Gallery"和"Register"。只有"LSDNA"下有二级导航，分别是"Quality""Quietness""Technologies"和"Smoothness"。整个网站是比较简单的层级结构。

图4-13 雷克萨斯官方网站截图

图片来源：http：//lexusls.asia.

（二）数据库模式

数据库模式具有特定规划的结构或模型，所有的信息都必须适配于这些结构，不能强加一些不适合此模型的信息。数据库模式针对的是具有一致性结构的内容，内容之间没有内在联系，但是有一样的逻辑结构，由相同的逻辑部分组成，如图4-14所示。数据库模式应用场景要么是较小的信息集，要么是很大的数据集。数据库结构最大的优点是一次性储存数据，然后可以使用不同的数据块和方式来展示信息。此外，同样的信息还可以通过多种途径查找。

数据库结构适用于音乐、产品目录、书籍、文章、个人主页等等具有一致性结构的内容。它为用户提供了很多获取内容的入口。

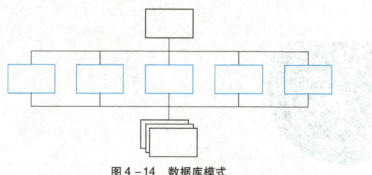

图 4-14 数据库模式

eBay 是一个可让全球民众上网买卖物品的线上拍卖及购物网站。每天都有数以百万的家具、收藏品、电脑、车辆在 eBay 上被刊登、贩售，如图 4-15 所示。这些数量庞大而繁杂的物品根据自身的特性进入 eBay 的数据库中，经过整合后，被分门别类且清晰地展示出来，不符合要求的则被排除在外（如 eBay 的英国分站将烟酒类产品的刊登列为禁止项目）。

图 4-15 eBay 页面

图片来源：http：//www.ebay.com。

（三）超链接模式

超链接模式是一种反结构模式。在这种模式里面，内容块仅仅根据相互关系进行连接，不存在主结构，如图4-16所示。

超链接模式适用于这种情况：内容是通过长时间发展建立起来的，而且你也不能准确地知道自己要构建什么。在这种情况下，不可能预先确定一个详细的结构，甚至确定一个基本的模式或网站。超链接结构本身并没有能力自动展现关联内容。这种模式的成功与否，完全取决于人们制作的内容版块之间的联系。

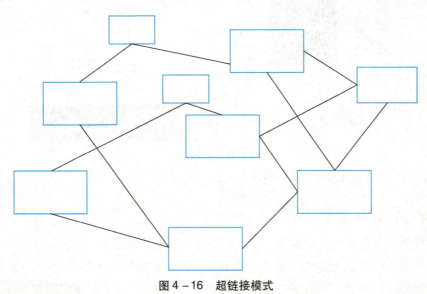

图 4-16　超链接模式

豆瓣网是以技术和产品为核心、生活和文化为内容的创新网络服务网站。这个网站有一个特点，网站的内容会随着时间的推移不断地变化，设计者只能给定一个网站的基本框架，内容由用户去不断地丰富，内容与内容之间有时也存在着关系，如图4-17所示。这个网站的结构就是超链接模式。

图4-17 豆瓣网站

图片来源：http：//www.douban.com.

（四）线性模式

线性模式即按照直线规则，一个跟随着另一个，如图4-18所示。

当用户将注意力转移到另外一件事前，必须先理解一件事情。这种情况很适合使用线性模式，例如教学资料。线性模式只用于必须按顺序浏览的情况，如果用户实际并不需要按特定规则阅读的话，就不必使用线性模式，否则用户会有一种挫败感。

图4-18 线性模式

Canva 是一个在线图形设计平台，提供 100 多万张图片字体等素材，通过简单的拖拉拽操作即可快速设计精美的海报、招贴、贺卡、文档等，如图 4-19 所示。其网站以完成一张作品的任务为主导，从注册账号、新建项目、分步设计到完成导出。用户只需完成这一线性的、单一的流程，就能制作出精美的作品。

4-19　Canva 设计网站

图片来源：http://www.canva.com.

二、混合模式

（一）"简单等级+简单数据库"模式

"简单等级+简单数据库"模式是基本内容用层级结构，详细信息用数据库模式进行组合的一种混合模式，如图4-20所示。

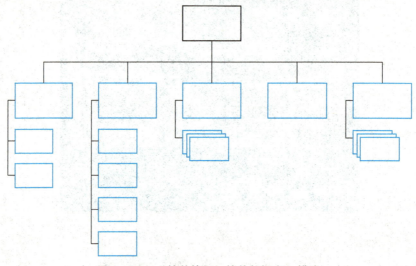

图4-20 "简单等级+简单数据库"模式

图片来源：http://www.ikea.com/cn/en.

宜家的网站整体是采用"简单等级+简单数据库"的模式，如图4-21所示。网站第一层的内容分级方面采用层级结构，每一个分类下的商品详情采用了数据库模式，因为商品的名录与信息会不断地变化。

（二）目录模式

目录模式也是一种混合模式，它的底层是内容，由此向上的四个层级取决于网站规模和内容类型，如图4-22所示。

第四章 设计信息架构

图4-21 宜家网站整体的结构模式

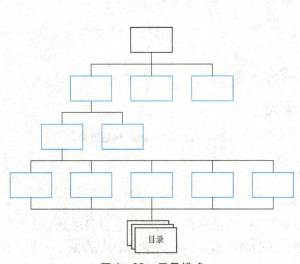

图4-22 目录模式

Amazon 是美国最大的一家网络电子商务公司，其数量庞大的商品必须由多个分类层级来组织。它的网站整体采用的是目录模式，如图 4–23 所示。

图 4–23　Amazon 网站页面

图片来源：http：//www.amazon.com.

（三）中心辐射型（星型）

当中心辐射型作为一个单独模式的时候是值得注意的，各层级间的内容之间都有一定联系。在层级结构中，人们倾向于从顶层（首页）开始，逐级向下浏览内容，并经常徘徊于层级结构下的某个分支。而在中心辐射型结构中，人们会从一个层级进入到另一个具体信息，然后返回出发点（中心点），再在进入到其他详细页面，如此往复，如图4-24所示。

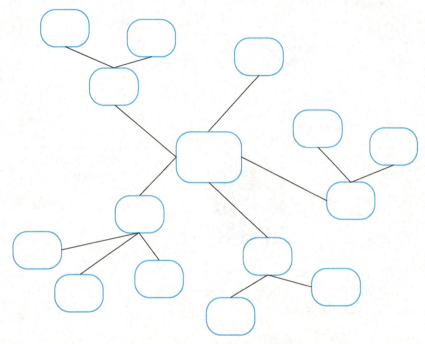

图4-24 中心辐射型（星型）

新浪微博是一个社交网站。用户在使用时习惯从首页出发浏览网站的信息，当注意力从一个内容转移到另一个内容的时候，用户习惯于回到首页重新浏览。因此，新浪微博是一个典型的中心辐射型（星型）网站，如图4-25所示。

信息架构设计

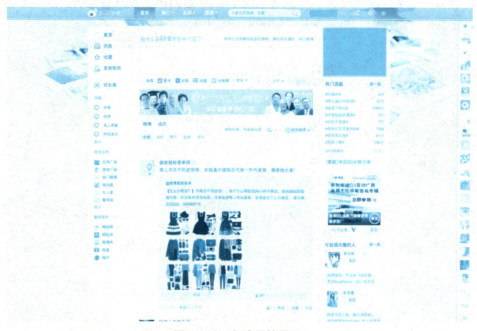

图 4-25　新浪微博界面

图片来源：http://www.weibo.com。

（四）子站

整个网站都是由一系列子站构成，并通过首页或多个顶层页面连接起来。子站可以应用任何模式而不必局限于同一种。这种模式特别适用于大型组织结构——往往拥有许多职能部门或者很多子品牌，但又需要以一个整体的效果来呈现，如图 4-26 所示。

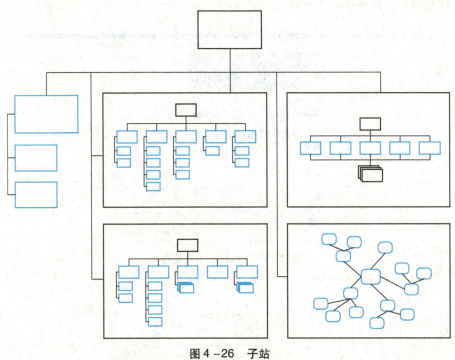

图 4-26 子站

Yahoo 是美国著名的互联网门户网站，其服务包括搜索引擎、电子邮箱、新闻等，业务遍及 24 个国家和地区，为全球超过 5 亿的独立用户提供多元化的网络服务。同时，Yahoo 也是一家全球性的因特网通讯、商贸及媒体公司，其主页就是由新闻、资讯、电邮、flickr（图片分享网站）、视频等子站的内容所构成，并在顶部和左部都设置了导航的入口，如图 4-27 所示。

（五）集中入口点

对于很多大型站点而言，以一种单一的方式组织内容通常不能满足所有的用户。因此，首先要根据内容和核心用户确定一个适用于该站点的信息架构模式。然后，假设一些用户不会通过主信息结构来寻找信息，有意提供一些入口点来帮助他们发掘有用的信息。这些入口点不必覆盖所有站点内容，仅专注核

信息架构设计

心信息即可，如图 4-28 所示。

图 4-27　Yahoo 主页截图

图片来源：http://www.yahoo.com.

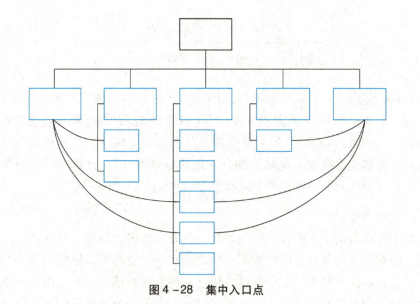

图 4-28　集中入口点

纽约公共图书馆是美国最大的市立公共图书馆，其主页除了常规的搜索框之外，在导航的设计是上提供多种分类栏目，如探索、研究、位置等。另外，在主页还有最新资讯、馆员推荐、热门书单等，为用户提供多种浏览入口，如图4-29所示。

图4-29 纽约公立图书馆官方网站截图

图片来源：http：//www.nypl.org.

（六）标签

标签模式无论在基础的数据库模式或者超链接模式中都有所运用。网站中的每个类目都利用关键词作为标签，而它们同时也是内容的入口。

这种模式适用于有大量不同内容的作品集，特别是读者持有不同的观点和想法时。当用户感觉无从下手时，标签能够帮助用户探索和发现相关的信息。

Stack Overflow 是一个与程序相关的 IT 技术问答网站，其设计特点是对"标签"有很好的运用,如图 4–30 所示。

图 4–30　Stack Overflow 页面

图片来源:http://www.stackoverflow.com。

三、小结

在不同情况下应采用何种结构类型,表 4–1 进行了归纳整理。

表 4-1　不同情况对应类型总结

结构类型	适用内容	适用人群	挑战和话题
层级	拥有各类内容的小型站点	习惯先阅读概述信息,然后详细内容	平衡内容的广度和深度
数据库	内容具有一致性	想通过更多方式进入内容	所有内容需要适应于结构,且不要收集超出需求的元数据
超链接	内容还不完整,需要不断地添加补充	追随相关材料的链接	作者需要了解链接的内容;当内容完成后,可能需要重构
线性	顺序性内容	用户想按照特定顺序理解某些内容	只有当用户必须按顺序阅读时才使用
简单层级+数据库	综合性内容加上具有一致性结构的内容类型		区分出哪些内容需要结构化,哪些不需要
目录	大量结构性内容集	寻找特定类别,然后顺藤摸瓜查看具体产品	
中心辐射	分级内容	用户每次想回到中心页面,然后查看新的内容	
子站	大型企业和政务站点,需要许多独立的内容版块		考虑子站是否需要统一的导航/页面布局
集中入口点	形式多样,但通常层级式	用户想随心浏览,且没有最好的方法	
标签	大量内容集	根据自身的定义发掘信息,轻松找到相关信息	谁有权限进行标签操作

第四节　设计概念结构

设计概念结构就是结合前面用户研究和内容分析的结果，以及对网站及 APP 组织结构的了解，明确要实现的目标，找出合适的分类方案，选择正确的结构，然后进行概念结构的设计。当然，我们不能简单地搬抄原来的这些模式，而应结合调研分析的结果，发现设计中的问题，找出最贴近目标的模式，以解决发现的问题为最终目标，从而更好地设计概念结构。设计时，可以采用简单的结构图，可以只是用笔随便画画，只要能够说明清楚各个对象之间的关系就好。

图 4-31 是一个实训平台的概念结构。设计时，把自己想到的该平台应该有的功能和内容，用简单的线框图表示出来即可。

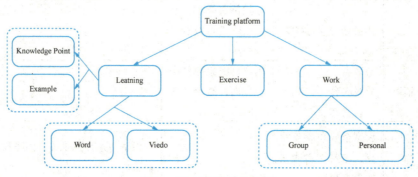

图 4-31　设计概念结构

第五节　设计分类小组

设计分类小组就是按照不同的特点将无规律的事物分为有规律的，对事物进行分类，并将其分成小组。对于内容庞杂的网站来说，设计分类小组是必需的步骤，它能够帮助用户更好更快地找到想要的信息，也能方便管理者管理更新网站的信息。即使是小型的网站，设计好分类小组也能提高用户的体验。

那么，如何设计分类小组呢？首先，考虑用户研究、内容分析的结果和业务目标，在前面的基础上，创建分组草案，验证你的内容是否适合你的分组草案，包括分组方式是否适合内容，以及是否适用于元数据。其次，不断地调整草案，直到它适应内容，最后创建小组。在设计的过程中，始终要记住保持以用户为中心。

图4-32是亚马逊网站的分类。亚马逊是一个大型的购物网站，网站内容极其丰富，因此它必须给网站的内容设计分类小组。虽然它也设有搜索功能，但对于目标不明确的用户来说，好的分类才能帮助他们快速找到想要的东西，不然会产生不良的用户体验。

图4-32　亚马逊网站分类

第六节 设计标签

标签是最初诞生于印刷业的一个名字，用来标志目标分类或产品详情。在架构设计中，设计标签也是不可缺少的一环，它是从我们日常生活中常用的实物标签发展而来的。在 Web 2.0 中，标签是一个重要的元素，它是一种互联网内容组织方式，是相关性很强的关键字，它帮助我们轻松地描述和分类内容，便于检索和分享。当然，不仅是网站的设计，在移动端的架构设计中，标签也是一种被经常使用的工具。

那么，如何定义标签呢？设计人员可以结合用户研究的结果，采用卡片分类的方法进行标签的定义，同时可以参考搜索条件、引用条件以及现有的标签来定义标签。

好的标签要做到以下几点。首先，它要匹配概念，并且符合读者的使用方法；其次，它应该被一致地使用；最后，它应该能够正确地表述目标或内容。

Flickr 是一个对标签有良好应用的网站。图 4-33 是 Flickr 中对标签的应用。"Pups in the Commons" 是一个标签，在第一层页面只显示一张照片的缩略图和标签名字，点击标签后，可以看到所有带有这个标签的照片。使用标签可以看成是设计分类的另一种形式。

图 4－33　Flickr 中对标签的应用

第七节　什么是好的 IA

好的 IA 具有以下几个特点：①能够平衡商业目标和用户的目标。②能够平衡好内容的宽度和深度。③允许用户轻松简单地找到自己想要的信息。④给用户提供了多种查找信息的方法。⑤能够代表内容。⑥有一个连贯的基本概念。⑦能够根据需要显示信息。

第五章

设计Web浏览结构和布局

第一节　设计过程

Web 浏览结构的设计过程如图 5-1 所示。首先，从任意一个内容页开始，而不是主页。因为内容页是最难的页面，我们应该以用户的需求为基础，找出适合内容页的导航模型。其次，针对与内容页相连接的页面，进行浏览结构的设计。最后，设计主页。

图 5-1　设计 Web 浏览结构的设计过程

一、从内容页开始

设计 Web 浏览结构和布局需要知道：①页面中需要放什么内容？②用户下一步会浏览什么？③用户喜欢浏览网站的不同页面，还是喜欢在当前页面深入阅读？④你希望用户下一步浏览什么？⑤如果用户，只是进来又出去的话是否会有问题？

二、考虑和内容页相连的页面

对于和内容页面相连的页面，如索引页，其呈现形式可有几种选择：①层次结构：列出该节中包含的内容。②数据库结构：提供多种途径链接到内容。③可以设计多个方案进行比较。④不要遗漏索引、网站地图和其他辅助型页面。

三、考虑主页

主页应该有的功能：①传达组织机构的信息；②突出显示特定内容；③导

航到用户想去的页面。

在设计主页导航的时候，应该考虑以下几个问题：①已设计的页面有多少与主页相关？②主页中是否有与导航无关的内容？它们是否应该存在？③什么内容需要放在首页？它们分别导航到哪里？④哪些内容是用户难以找到的，因此要在首页中安排位置为其提供帮助？

四、修订

在完成前面几步之后，应该已经勾勒出了内容页、索引页、特殊页和主页的轮廓，之后应完成下列步骤：①确保导航能满足商业目标、用户需求。②确保导航与 IA 相匹配。③不断地迭代，直到设计的信息架构适合自己的网站。

第二节　选择导航类型

导航包括导航条、超链接、按钮和其他可点击的项目。

导航具有以下功能：①是用户在网站里的一条路；②引导用户浏览所需的内容或功能；③显示信息的上下文；④显示相关的内容；⑤帮助用户找到未知信息。如图 5-2 所示，导航不是简单的一个条形，它是一个完整的系统，连接了不同的模块和不同的需求。

一、导航核心

（一）横向导航

横向导航一般位于页面的顶端，或者在商标之下，不同页面之间导航可以是相同的，也可以根据页面需要而改变。横向导航用于以下几种情况：①有限数量的一级项目。②不会新增一级项目。③标签较短，能适应水平空间。④转换语言之后，文字所占的空间不会变大。⑤用户想要最大限度的利用网页的宽度。

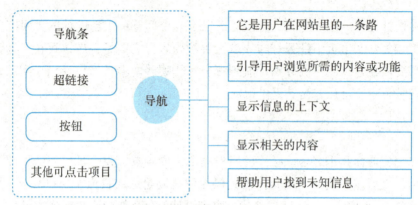

图 5-2　导航的内容和功能

Getresponse 的主页就是采用横向导航，如图 5-3 所示。

图 5-3　横向导航

图片来源：http：//www.getresponse.com/promo/15th-birthday.

(二) 纵向导航

纵向导航一般位于页面的左边或右边。导航置于页面右侧时，内容区域得到强调；导航置于左侧时，对用户来说则更加容易识别。纵向导航适用于：①一级项目较多；②一级项目可能会增加或改变；③标签较长；④你可能会想要翻译网站。

图 5-4 是 Newriver 的页面，采用了左侧导航的方式；图 5-5 是 Hickdesign 的页面，采用了右侧导航的方式。

图 5-4　左侧导航的界面

图片来源：http://www.newriver.co.kr.

信息架构设计

图 5-5　右侧导航的界面

图片来源：http://www.hicksdesign.co.uk.

（三）倒"L"型导航

倒"L"型导航是横向导航和纵向导航结合的一种导航形式。横向导航作为主导航在各页面中保持一致，纵向导航根据不同页面内容而变化，适用于大型网站。

图 5-6 是公共健康组织 Middlesex-london Health Unit 的网站页面，采用了倒"L"型导航的方式。

图 5-6　公共健康组织网站页面

图片来源：https：//www.healthunit.com.

（四）选项卡导航

选项卡导航是横向导航的一种变形，适用于相同类型的网站。选项卡导航中一级分类和二级分类同时显示，用户可以清楚看到当前所处位置。

BBC 新闻的页面使用了选项卡导航的方式，如图 5-7 所示。

信息架构设计

图 5-7 选项卡导航

图片来源：http://www.bbc.com/news.

（五）下拉式导航

下拉式导航一级分类是横向导航，当鼠标移到横向导航时，二级分类以下拉菜单的形式出现。

下拉式导航的优点是无须点击进入另一页面就可以看到下一级分类。它不仅能让导航更加有效，而且能方便用户理解网站结构，如图 5-8 所示。

图 5-8　下拉式导航

图片来源：http：//www.divinewrite.com.au.

（六）弹出式导航

弹出式导航与下拉式导航相似，但它主要用于纵向导航。它的缺点则是鼠标不易选中。对于下拉式和弹出式导航要注意的几点：①太长的菜单可能会溢出页面底部。②菜单出现的速度需通过测试来确定，既不能太快也不能太慢。③效果需要 Javascript 来实现，但并非所有地方都支持 Javascript，应确保没有 Javascript 时也能实现导航。

Walmart 网站的商品种类众多，其网页也是用弹出式导航，如图 5-9 所示。

图 5-9 弹出式导航

图片来源：http://www.walmart.com。

（七）整页导航

采用整页导航的形式，首页即导航，如图 5-10 所示。这种网站中，除了首页之外的其他页面，通常会有另一个导航类型。

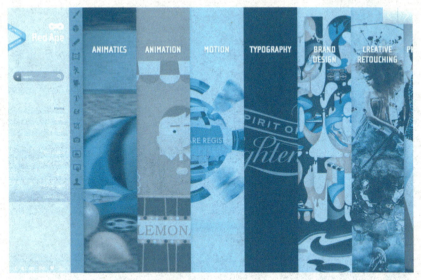

图 5-10 整页导航

图片来源：http://redape.com.au/home.

（八）页内导航

很多情况下，导航会隐藏在页面内，称页内导航。页内导航包括列表、索引和摘要等，可链接到详细信息。

SumAll 是一家云数据连接服务初创企业，它可以将企业多个来源的数据整合到一起加以分析并进行可视化展示。SumAll 吸收的连接服务包括 Facebook、Twitter、Google Analytics、eBay、Amazon、PayPal、Stripe、Authorize.Net、Braintree、Instagram、Shopify、Big Commerce 及 Magento 等。不同网站账号的索引采用了页内导航，如图 5-11 所示。

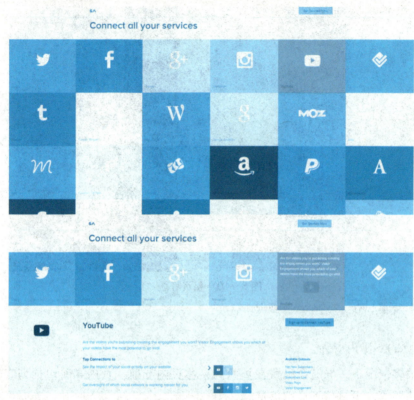

5-11 页内导航

图片来源：https://sumall.com.

（九）上下文链接

关于上下文链接，有两个问题需要牢记：①用不同颜色区分。②链接要清楚明白。

图5-12是维基百科的导航页面，采用了上下文链接。

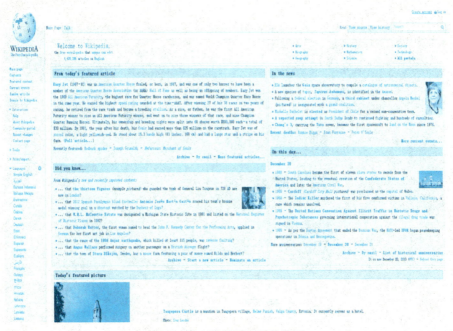

图 5-12　维基百科网站截图

图片来源：http://en.wikipedia.org/wiki/Main_Page.

（十）相关链接

这种导航方式可链接与当前页面相关的内容。可链接想推荐给用户的内容，或用户可能感兴趣的内容，如图 5-13 所示。必须确保推荐的内容确实是用户想要的，不要强加无关内容给用户。

图 5-13 相关链接

图片来源：http：//www.goodreads.com.

二、其他导航

（一）面包屑导航

面包屑导航是指可告知访问者目前所处的网站位置以及如何返回的导航方式。设计面包屑导航时应注意做到以下几点：①显示所有层级；②位于导航之下，页面内容之上；③建立除了当前页面之外的其他页面的链接。

图 5-14 是英国官方信息搜索引擎 Gov.uk 的页面，体现了面包屑的特点。

图 5-14　面包屑导航案例

图片来源：https://www.gov.uk/become-lorry-bus-driver/overview.

（二）标签云

标签云也是一种导航形式，标签云上标签的大小反映使用频率，标签越大，就说明被用得越多，是一种比较直观的表达方法。

如图 5-15 所示，维基百科首页是一个简单的语言选择的标签云。

信息架构设计

图5-15　标签云导航案例

图片来源：http://www.wikipedia.org.

（三）网站地图

网站地图就是在一个页面中列出网站包含的所有网页。它需要服务的对象有两个，包括用户和搜索引擎。用户：想要大概看一下网站的所有内容，而不是一步一步地看。用户可以通过网站地图判断这个网站的内容是否是他想要的。搜索引擎：可以清楚简单地知道网站的所有内容以及连接到网站的任何一个地方。确保你有办法维护站点地图，或者保证网站地图的更新，要么能自动更新，要么有一个程序手动更新。很多网站都会给网站地图单独地设置一个页面，有些则会放在页脚，如图5-16所示。

图 5-16　网站地图导航案例

图片来源：http://www.dell.com/sitemap.

（四）页脚

当你觉得自己的网站需要一个网站地图的时候，可以参考以下这种形式。

页脚通常出现在每个页面的底部；它帮助用户在内容页和搜索引擎之间跳转，寻找所需信息。对于小型网站，它可以罗列网站的所有信息（如图 5-17 所示）；但是，对于大型网站而言，它只适合罗列网站的主要内容（如图 5-18 所示）。

信息架构设计

图 5-17　小型网站页脚

图片来源：http://www.starbucks.com.

图 5-18　大型网站页脚

图片来源：http://www.bbc.co.uk.

（五）索引

索引适用于用户知道所寻找的目标对象及其在网站内的命名的时候。它对于用户理解自己认为的名词和专业名词之间的区别有很大帮助；它和网站地图类似，能够帮助搜索引擎访问网站的所有内容，如图5-19所示。

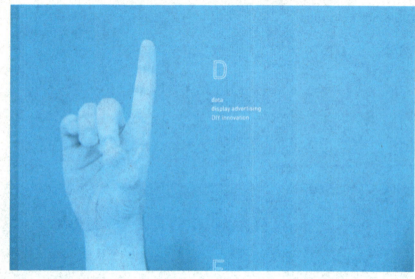

图 5-19 索引

图片来源：http：//www.themobileindex.com.

（六）过滤器

过滤器允许用户从庞杂的内容种筛选出自己需要的内容。对于内容很多的站点来说，它能够帮助用户筛选内容，经过不同的筛选条件，不同的用户的起始页面是不一样的。因此，通过过滤器可提高用户体验。

三星旗下产品很多，使用过滤器能快捷地找到用户想查询的商品，如图5-20所示。

图 5-20　过滤器

图片来源：http://www.samsung.com/us/support.

第三节　设计 Web 的浏览结构和布局

一、线框图

线框图不需要可视化；它通常就是简单的线条，只需要很少的颜色；它的目的是展示页面内什么地方设置什么内容。

在画线框图的时候，你需要考虑两点：①制作的详细程度；②需要画多少个页面。

图 5-21 是用户上网行为分析系统首页的线框图。主要涉及每一个控件在

页面的位置及大小。当然，这只是其中一个页面，根据不同的项目，线框图的数量和详细程度都会发生变化。

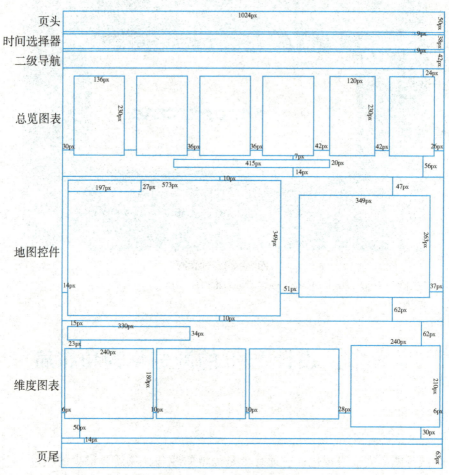

图 5-21 某网站线框图

二、站点地图

站点地图是一张用户可能访问的页面清单，它能够反映出站点所有页面的层次关系。站点地图有两种形式：一种是 XML 站点地图，这种形式的站点地图用户是不需要看到的，但它能够告诉搜索引擎站点包含的网页以及页面之间的重要性和更新周期。另一种是 HTML 站点地图，它帮助用户找到页面上的内容，并且不需要包括所有的页面和子页面。站点地图可以优化网站的搜索引擎，确保找到所有的页面。此外，站点地图还可以起到辅助导航的作用，因为它提供了网站所有内容的概述。

图 5-22 是 Dribbble 网站的站点地图。Dribbble 是一个面向创作家、艺术工作者、设计师等的人群提供作品在线服务，供网友在线查看已经完成的作品，或者正在创作的作品。

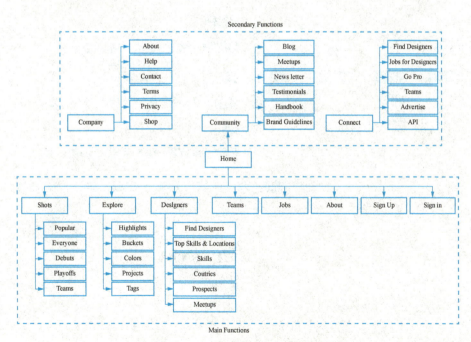

图 5-22　Dribbble 的站点地图

三、任务流程图

任务流程图是以一个任务为主,以流程的形式将站点的页面串联起来。与站点地图相比,任务流程图除了有所涉及的页面截图,还需要注明用户在页面内的操作以及页面之间的跳转关系。它是通过任务和流程图的形式表达站点页面关系的一种方法。

图5-23是通过"沃支付"购票的流程图。图片以中心的主流程为主,每个操作的上方放上软件的截图,如果有详细操作,就写在主流程的下方。通过比较不同渠道的购票流程,可以找出最快捷的购票方式。

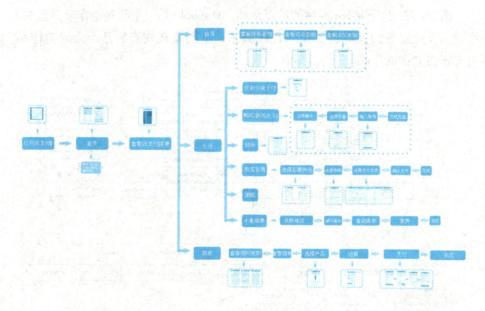

图5-23 "沃支付"购票流程

第四节　高效的浏览结构特点

高效的浏览结构有以下特点：

高效的浏览结构能够提供多种方式帮助用户找到想找的内容，这些方式包括在主要的内容下，在附加的内容下，通过上下文链接；或者通过搜索查找。

高效的浏览结构可以根据用户的需求显示相关的信息。

高效的浏览结构应该保证用户的每一步都是清晰的，结果是明确的。

高效的浏览结构应该有很好的支持网站的架构。

第五节　案　例

一、项目简介

聚晖集团网站的优化项目是通过用户调研、可用性测试等方法，优化聚晖集团网站，增大网站的用户访问量和使用率。整个项目可以简单地分成三个阶段：策略和用户分析、设计和评估、实施与评估。通过这三个阶段可实现对网站用户和需求的分析、原型的设计和测试，以及最终的评估。

二、目的

通过分析并优化现有的网站信息架构，结合多种用户研究和测试的方法，实现网站访问量的增大和使用率的提高。

三、步骤

第一步：聚晖网站需求收集和分析。通过描述用户特征，将用户进行分类，如表 5-1 所示；通过访谈和问卷，获取用户对网站及网站运营商对网站的需求，并进行分析，如表 5-2 所示。

表 5-1 焦点小组问题

问题类型	用户类型				目的	影射至界面
	房地产商	系统集成商	高收入人群	政府官员		
	界面原型测试和讨论					
关键问题	1. 回想一下，客户最常问的关于你的服务与产品的问题是哪些？稳定性？其他？ 2. 通常维修是哪些原因？（客户处理不当？产品稳定性） 3. 客户会不会在场？他们提出什么意见或者建议？ 4. 回想一下客户有没有提出在哪些地方增加什么设备 5. 在你们介绍的时候，客户会对怎样的表现方式感兴趣？三维实体模型演示？虚拟的广告片？纸质的宣传册？ 6. 他们希望看到你们的服务和产品的那些功能效果？希望看到服务的整个流程或者产品的整体效果还是产品的单一效果			1. 在你们介绍的时候，客户会对怎样的表现方式感兴趣？三维实体模型演示？虚拟的广告片？纸质的宣传册传？ 2. 他们希望看到服务和产品的那功能效果？ 3. 他们通常关心你们公司哪方面信息		

表 5-2 问卷调查

1. 您使用互联网的频率
A. 每天　　　　B. 每周 3～4 日　　　C. 每周 1～2 日　　　D. 每月少于 4 日
2. 您平均每日使用互联的时间
A. 1～2 小时　　B. 3～4 小时　　　　C. 5～6 小时　　　　D. 6 小时以上
3. 您初次与聚晖接触的方式是什么
A. 互联网　　　B. 报刊/杂志　　　　C. 传单/海报　　　　D. 电视
E. 朋友介绍　　F. 商店　　　　　　E. 其他_____
4. 您对智能家居的理解程度
A. 熟知　　　　B. 有一定了解　　　　C. 听说过　　　　　D. 不了解
5. 您希望在聚晖的网站上面可以获取哪些信息

第二步：基于前面调研访谈的结果以及对用户的分类，创建人物角色和场景，并进行任务分析，找到用户在使用网站时候可能会出现的痛点，然后对网站的优化和架构设计提出相应的建议，如表 5-3。

表 5-3 场景 1 的分析

系统集成商何先生，他的目标是找到适合自己的承接项目的系统和产品，以及是否有新产品符合自己的新需求。
场景 1： 何先生通过搜索引擎搜索"智能家居"并在结果中找到聚晖。他通过连接进入聚晖的网站，想了解是否有产品符合自己的要求。他最近承包负责装修的一套房子，因为户型是复式，房主要求可以在不同楼层控制家电。何先生从"系统解决方案"进入，找到"家电控制系统"。他详细浏览系统的组成、安装等信息。由于安装的位置有限，他想了解系统中所用的中控器尺寸等信息。他点击"中控器"进入它的详细介绍。看完这款中控器，他发现尺寸不太适合那套房子。他想看看其他不同类型的中控器的尺寸和性能后，他最终找到十分符合房主要求产品，他接下来通过快捷键连接到"服务支持"，发现聚晖的售后服务不错。通过"联系我们"快捷方式，找到聚晖在自己工作地点附近的办事处和联系方式，并将信息记录下来。

续表 5-3

| 场景 2：
何先生最近接到一份装修订单，户型是别墅，户主希望能让整个房子智能化，并要求他设计一份详细方案。他在搜索引擎上键入"家居智能化"并找到聚晖。他从"系统解决方案"进入，看到聚晖有安防、娱乐、家电、远程等系统。他想了解各个系统具体的原理、组成和适用范围，于是逐个打开，详细查看。最后他觉得聚晖提供的解决方案比较完善，并且在看到各个系统解决方案都有相关的服务条款后，他决定联系聚晖 |

第三步：关键词检索。为了增加网站的访问量，就要增加用户搜索到该网站的概率。通过对网上关键词检索的调查（如图 5-24 所示），确定站内的词汇命名以及首页的欢迎词。

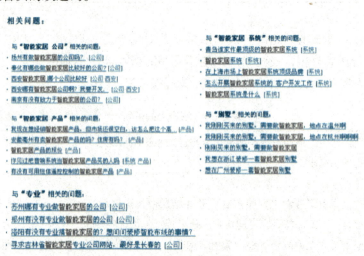

图 5-24　来自百度知道的关键词搜索结果

第四步：搭建网站的信息架构。通过结合每个类型用户的场景分析的结果，得到最初的网站的信息架构。进行内部成员的卡片分类和公司高层的卡片分类测试，如图 5-25 所示，对内容和功能进行多次调整，得出最终的信息架构，如图 5-26 所示。

图 5-25　卡片分类现场

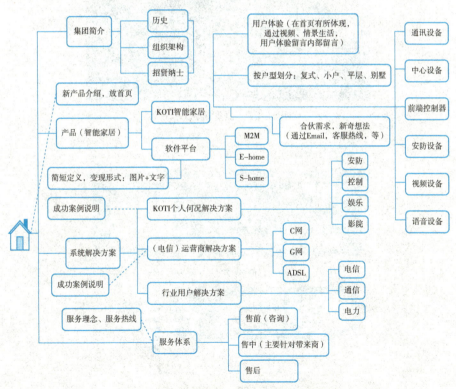

图 5-26　网站架构

第五步：原型设计和原型测试，如图 5-27 所示。在经过第四步所产生的网站信息架构的基础上，进行原型设计和原型测试。设计出第一版原型之后，对原型进行可用性测试，然后提出相应的修改意见，修改原型之后再次进行可用性测试，这是一个反复迭代的过程，直到测试没有更多优化意见为止。整个过程设计了纸质原型，如图 5-28 所示，以及动态原型，如图 5-29 所示。

图 5-27　原型测试现场

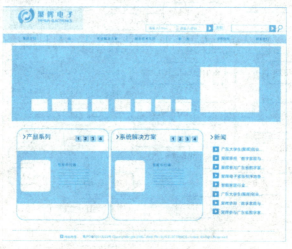

图 5-28　纸质原型

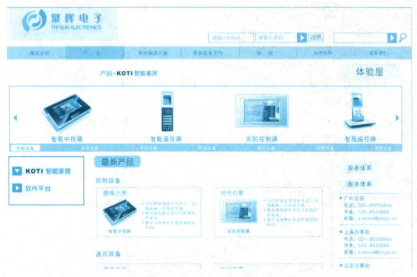

图 5-29　Axure RP 绘制的原型

第六步：界面设计。选择适合网站的风格进行界面设计。在设计了多款界面之后，选择其中最为满意的一款，确定为网站的最终风格。

第七步：开发与实现。以最终版的原型为基础，进行开发设计。在这一步中分析网站的主要用例，设计搭建网站的数据库，如图 5-30 所示，然后分模块设计网站，开发网站。

第八步：调试与支付。对开发出来的网站进行最后的调试并交付成品，如表 5-4、图 5-31 所示。

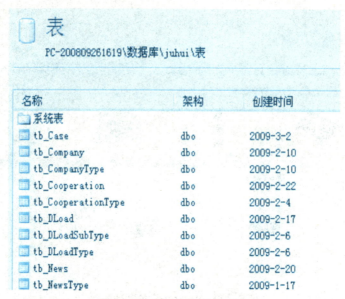

图 5-30 搭建网站的数据库

表 5-4 系统具体安装与调试环境

配置项目	具体配置
测试服务器	1. IP Address – 192.168.1.101 2. OS – Windows XP Professional SP2 3. APP Server – IIS 4. DB Server – SQL Server 2000 5. NET Framework – . Ner 2.0
发布服务器	1. IPAddess – 121.14.3.82 2. OS – Linux 3. APP Sserver – IIS 4. DB Server – SQL Server2000 5. NET Framework – . Net 2.0
开发语言	ASP.NET（C#）、Html、Javascript

续表 5-4

配置项目	具体配置
开发工具	1. Microsoft Visual Studio 2005 2. Microsoft SQL Server 3. Photoshop CS3 4. Drearrweaver CS3
版本控制	1. Microsoft Visual SourceSafe（VSS） 2. Subversion（SVN）
网站地址	http：//www.ihsvs.cn

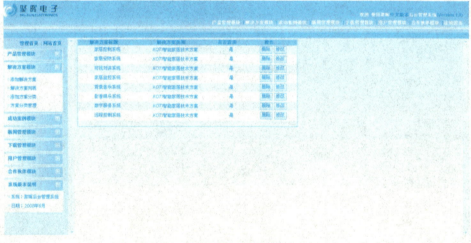

图 5-31 网站成品

第六章

设计移动端浏览结构和布局

第一节　移动设备交互原则

移动设备的交互原则包括以下主要内容。

80-20法则：谨慎决定引入那些虽然强大，但是只有少部分用户使用的功能。应注意在移动设备的应用中，应该更关注那些能满足绝大多数用户需求的功能。

明确下列概念有助于设计移动端浏览结构和布局。

隐喻：尽可能以现实世界中的对象和动作来作为该应用中的对象和动作的模型。这有助于用户快速理解和使用该应用。

设计习惯用法：在很多时候，你并不能找到恰当的隐喻，例如进程、内存地址等。这种情况，勉强使用不恰当的隐喻，反而会增加用户的困惑。

直接操控性：这意味着需要让用户感觉他们正在控制一些有形，而非抽象的东西。遵循直接操控原则的好处是，用户更容易理解他们动作所引起的结果。

少输入多选择：程序比人更擅长记忆选项列表、命令、数据等信息。保持最少的文字输入，以便于把用户从需要花费大量时间的输入中解放出来。

反馈：基于直接操控性的原则，除了最终结果外，用户还需要立即看到他们操作的结果以及在系统漫长的进行中的实时状态。

用户可控性：用户可控性允许用户（而非程序自身）来开始和控制动作。

第二节　移动应用设计难点与要点

移动应用设计的难点主要有以下方面：①屏幕尺寸小，没有足够空间展示内容，所以应选择最重要的内容；②不同设备屏幕宽度不同；③触屏，手指不容易准确地点击到目标；④文字输入有困难；⑤不同的使用环境，信息的呈现方式截然不同；⑥周围影响和有限的注意力。

移动应用设计的要点主要有以下方面：①用户使用某手机客户端只会在特定情境下，用户不需要网站所有信息。②取其精华，只保留用户最希望获取的信息。③设备提供的硬键盘、硬件能力（如手势等）十分重要。④线性化内容。⑤优化交互流程，减少用户操作负担。

第三节　移动应用的使用方式

移动应用的使用方式有以下几种：
（1）查找及发现（急需信息，基于地点位置）：我现在需要得到答案——多数是告诉我在哪里。
（2）探索及娱乐（打发时间，基于地点位置）：我现在想消磨时间，找点娱乐消遣。
（3）签到检查（check-in）及状态（重复及微任务处理）：一些重要的事需要不断改变或更新，我想留在上面。
（4）编辑及创建（紧急调整，微任务处理）：我需要马上做完一些事，不能等。

第四节　移动应用的信息组织方式

一、精确性组织体系

信息可以按以下集中方式组织：字母（如电话簿）、位置（如地图）、时间

(如日历)、连续区间(如排行榜)、数字(如邮政编码)、种类(如书籍分类)或是随机等。

二、模糊性组织体系

(一)按任务

按任务的组织体系是把应用程序组织成流程、功能或工作的集合。在移动互联网中,微博、浏览器、邮箱和 SNS 等国内常见的手机客户端首页多以任务分类为组织体系,具体体现在九宫格、表格和标签栏的界面组织方式,这也符合客户端操作方便和交互体验好的特点,如图 6-1 所示。

图 6-1　百度手机客户端首页界面

（二）按主题

手机上以主题方式组织信息是很常见的，在一个小屏幕界面上展示一个主题为最佳。手机上强调的就是要一个页面完成一个任务。一个手机应用通常比较简单，找好应用服务的任务范围，然后以主题的方式去划分模块，如图6-2所示。

图6-2 新浪微博手机客户端界面

（三）按隐喻

隐喻是人的一种基本认知思维方式，它可以帮助人们借助熟悉的事物而了解新的事物，让人通过已有的认知去认识和理解新的、抽象的事物。使用隐喻设计界面时，用户能够比较直观地了解内容和功能，如图6-3所示。

信息架构设计

图 6-3 豆瓣小说应用界面

第五节 选择移动端信息架构

一、层级式

适用项：整理需要跟桌面端网站保持一致结构的复杂站点。注意项：在小屏幕上应用多面的导航结构，可能会引起用户的麻烦，如图 6-4 所示。

第六章 设计移动端浏览结构和布局

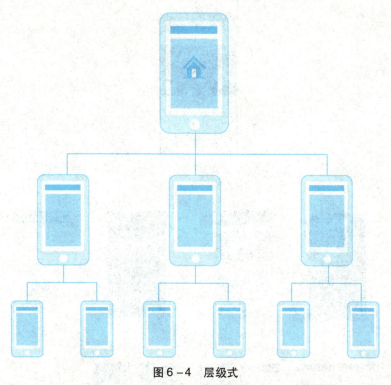

图 6-4　层级式

资料来源：《为一定而设计：详解智能终端的信息架构》，载雷锋网，2012 年 12 月，http://www.leiphone.com/1208-warlial-ia.html。

　　Tumblr（汤博乐）成立于 2007 年，是目前全球最大的轻博客网站，也是轻博客网站的鼻祖。其手机应用采用了和网站相一致的层级式结构，如图 6-5 所示。

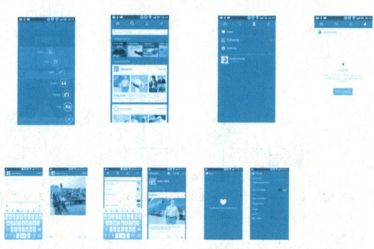

图 6-5 Tumblr 手机应用界面

二、辐射式

辐射式向用户提供了便于跳转的中央式索引,这是 iPhone 的默认样式。用户无法在分页面之间切换,而必须回到中央跳转。目前,由于用户使用移动设备时会专注于单一任务,以及设备本身的外形因素所带来的影响,这种样式在移动设备上越来越流行,如图 6-6 所示。

适用项：多功能工具，其中每个都有不同的内部导航和目标。注意项：这种样式不适于用户进行多任务操作。

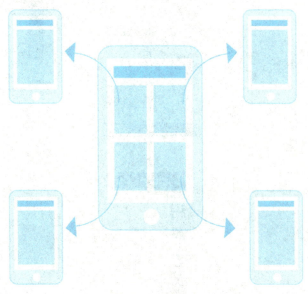

图6-6 辐射式

Vimeo是一个高清视频播客网站，与大多数类似的视频分享网站不同，Vimeo达到了真正的高清视频标准。它有一个导航首页，可以在该页面点击进入其他页面，采用的是辐射式架构，如图6-7所示。

信息架构设计

图 6-7　Vimeo 网站架构

三、套娃式

套娃式采用渐进式导航引导用户查看到更详细的内容。当用户操作不方便时，这是一种快速简单的导航方法。通过点击"前进"或"后退"，用户可以强烈感知自己所处何处，如图 6-8 所示。

适用项：应用或网站的主题奇特或者主题之间密切相关。它们同样适用于内置于其他父样式的子样式，诸如标准的层级样式和辐射样式。

注意项：用户无法在不同内容中快速切换，因此需要考虑这种样式是否方便查找，而不能让它成为查找内容的绊脚石。

第六章 设计移动端浏览结构和布局

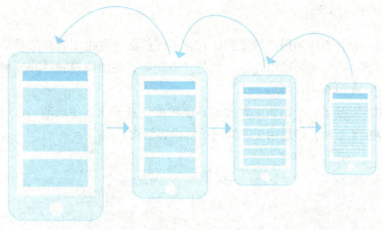

图6-8 套娃式

微信是（WeChat）是腾讯公司（Tencent）于2011年初推出的一款快速发送文字和照片、支持多人语音对讲的手机聊天软件。操作微信的各种其他功能，如浏览公众平台时，就是使用了简单快速的套娃式的架构，如图6-9所示。

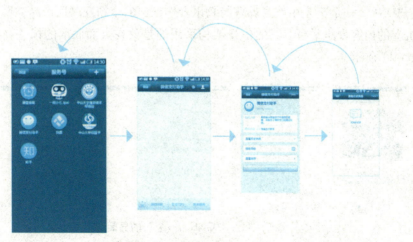

图6-9 微信公众平台的架构

四、标签视图

这是一种普通应用用户熟悉的样式。不同的标签通过工具栏菜单集合为一系列的内容。这样用户可以在第一次打开应用时，便能快速扫过和了解应用的全部功能，如图 6-10 所示。

适用项：基于一个相似主题的工具项和多任务情况；注意项：这种样式不太适合复杂类结构，较适用于非常简单的内容结构。

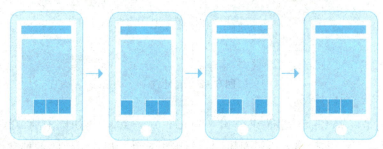

图 6-10　标签视图

"ONE·一个"是由作家韩寒与腾讯合作推出的全新互联网产品，属于智能手机上的内容聚焦平台。它的信息架构采用的是放在页面底部的标签视图，如图 6-11 所示。

图 6-11　"ONE·一个"的界面

五、便当盒及仪表盘

便当盒及仪表盘式通过使用组件展示相关工具或内容的部分信息,再把更详尽的内容链接至索引界面。由于这种样式很复杂,它在桌面端显示会比在移动端更为适合。这种显示醒目有力,用户只需要扫一眼就可以了解关键信息,但它严重依赖于信息清晰的设计呈现,如图 6-12 所示。

适用项:主题相似的多功能工具和基于内容的平板电脑应用程序;注意项:尽管平板电脑的屏幕提供更多空间承载这种样式,但更为重要的是我们要理解用户如何与每块内容互动,以及我们要确保应用简单、有效、使用愉悦。

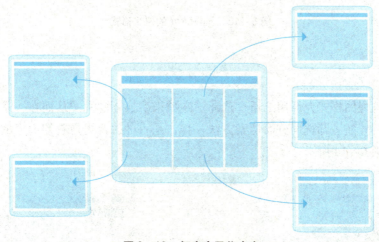

图 6-12 便当盒及仪表盘

Flipboard 是一款免费的 Android、iOS 应用,针对 Facebook 和 Twitter 等社会化媒体上的内容进行整合,再通过杂志阅读的形式呈现给读者。Flipboard 用便当盒的形式,把如"封面故事""设计"等不同栏目的部分最新信息放到索引界面,使用户对栏目分布一目了然,如图 6-13 所示。

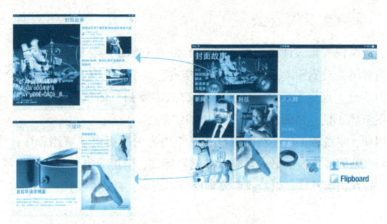

图 6-13　Fipboard 的信息形式

六、筛选视图

筛选视图样式允许用户通过选择筛选项来切换不同视图从而在一系列的数据中进行导航。筛选同分面搜索方法一样,是一种适合用户查询内容的高效方法,如图 6-14 所示。

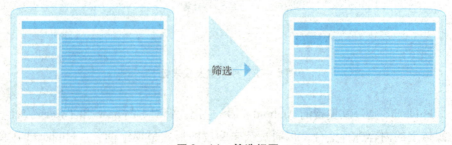

图 6-14　筛选视图

适用项:内容数量庞大的应用或网站,这些内容诸如文章、图像和视频。它可能为杂志样式的应用或网站提供了好的基础,或者作为另一个导航样式内的子样式。注意项：移动设备上，由于筛选和分面搜索很复杂，所以很难在较小的屏幕上展示。

Business Insider 是美国知名的科技博客、数字媒体创业公司、在线新闻平台。是一家关注 IT 和创业的重量级博客媒体。其 APP 就采用筛选视图，分成"TECH""FINANCE""POLITICS"等栏目。用户通过点击左上方的图标便可随时打开筛选栏，如图 6 – 15 所示。

图 6 – 15　Business Insider 的信息形式

第六节　移动应用的导航模型

一、主要导航模式

（一）跳板式

跳板式比较适合菜单选项的重要性一致的时候，它可以用来展示个人的文件和作品。它有多种布局形式，3×3、2×3、2×2、1×2 是最常用的几种，如图 6 – 16 所示。

图 6-16　跳板式

图 6-17 是 Stumbleupon 和 Fitocracy 两个客户端的跳板式导航界面。

图 6-17　Stumbleupon 和 Fitocracy 导航界面

(二) 列表菜单

列表菜单适合名称较长以及还有子级菜单的情况。设计的时候需要提供一个回到主菜单的入口,如图 6-18 所示。

图 6-18　列表菜单

图 6-19 是手机应用 Pocket 和 Jasmine 的导航界面,选用了列表菜单的模式。

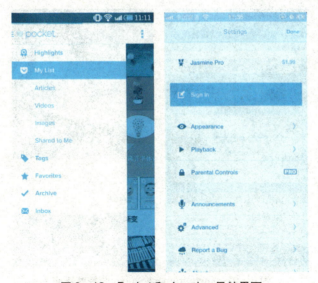

图 6-19　Pocket 和 Jasmine 导航界面
图片来源:Pocket APP 截图、Jasmine APP 截图。

（三）标签菜单

不同系统中的标签菜单式的导航其放置的位置是有区别的。选中与未选中区域要通过可视化的方式明确区分，如图 6-20 所示。如果使用图标的话，要使用易于识别的。

图片抓拍和共享应用 Instagram 以及美图软件 Studio 采用了标签菜单的模式，如图 6-21 所示。

图 6-20　标签菜单

图 6-21　Instagram 和 Studio 的导航界面

图片来源：Instagram APP 截图、Studio APP 截图。

（四）画廊式

画廊式适合用于需要经常更新内容的情况，方便用户浏览，经常用在与视频、照片等相关的软件内，如图6-22所示。

图6-22 画廊式Gallery

图6-23是手机应用Dayframe和Everplaces的界面，由于即时更新的需求，采用了画廊式的架构。

图6-23 Dayframe和Everplaces的导航界面

图片来源：Dayframe APP 截图、Everplaces APP 截图。

(五)仪表板

仪表盘通过用户研究,选择关键信息进行罗列。注意在仪表板上不要有太多内容,如图 6-24 所示。

图 6-24 仪表盘

应用 City guide 就是采用仪表盘的方式呈现,如图 6-25 所示。

图 6-25 City guide 的截图

图片来源:City guide APP 截图。

（六）隐喻

隐喻经常用在阅读软件中，注意选择的对象要易于表达且更为直观，如图 6-26 所示。

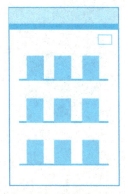

图 6-26　隐喻

图 6-27 是图书应用 Aliko book reader 和多功能笔记应用 Evernote 的界面，体现了隐喻的方式。

图 6-27　Aliko book reader 和 Evernote 界面

图片来源：Aliko book reader APP 截图、Evernote APP 截图。

（七）大数据菜单

大数据菜单适用于有大数据的软件。设计前，需要先对大数据进行分析，如图 6-28 所示。

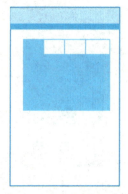

图 6-28　大数据菜单

Wish 商户平台和 Ted 演讲应用软件的数据量大，适用大数据菜单，如图 6-29 所示。

图 6-29　Wish 和 Ted 界面
图片来源：Wish APP 截图、Ted APP 截图。

二、次级导航模式

(一)页面切换式

页面切换式适用于页面数量不多的情况。它是用一种可视化的形式表达页面的编号和数量,如图 6-30 所示。

图 6-30　页面切换式

页面切换式的应用如图 6-31 所示。

图 6-31　Human 和 Next day 截图

图片来源:Human APP 截图、Next day APP 截图。

（二）图片切换式

图片切换式能让展示的对象更加立体和可视化。很多软件视频软件或新闻软件都会在首页的上方使用这种导航，方便用户快速找到最新、最热门的内容，如图 6-32 所示。

图 6-32　图片切换式

图 6-33 是应用 Vimeo 和 Snapguide 的界面，设计者使用了图片切换式的导航。

图 6-33　Vimeo 和 Snapguide 界面

图片来源：Vimeo APP 截图、Snapguide APP 截图。

（三）扩展列表式

拓展列表式适用于有更详细信息的情况，或者内容较多且内容地位同等时。其只在最外面一层显示重要的信息，可以防止页面的内容过于繁杂，如图6-34所示。

图6-34　扩展列表式

文本语音在线转换工具Soundgecko和学习工具Mobile learn根据内容的重要性和页面简洁度，使用扩展列表式导航。如图6-35所示。

图6-35　Soundgecko和Mobile learn界面

图片来源：Soundgecko APP截图、Mobile learn APP截图。

第七节　移动应用设计的其他部分

一、表格和列表

（一）基本表格

在移动应用设计中，设置基本表格应注意：①避免使用深色的分隔线；②文本左对齐，数据右对齐；③当数据比较多的时候，可考虑其他可交替的形式。如图6-36所示。

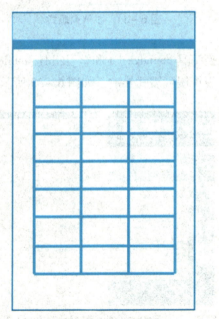

图6-36　基本表格

如图 6-37 所示，许多手机软件如地铁通、备忘录会使用基本表格。

图 6-37　地铁通和备忘录

图片来源：地铁通 APP 截图、备忘录 APP 截图。

（二）无头表

应用无头表时，一栏表格内的文字最好不要超过三行。对于不是特别重要的细节，尽量使用更小、颜色更淡的字体。不要武断地评价哪些是最重要的信息，而应通过询问用户，验证自己的设计。如图 6-38 所示。

信息架构设计

图 6-38　无头表

具体应注意的细节可从图 6-39 中相关客户端的无头表的设计中观察到。

图 6-39　壁纸和美食杰界面
图片来源：壁纸 APP 截图、美食杰界面 APP 截图。

（三）固定列

设置固定列时，应注意需为固定的列增加视觉的效果。当扫过固定列的时候，可以让其显示出更详细的信息，如图6-40所示。

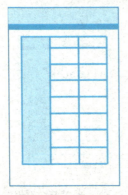

图6-40　固定列

PPS移动客户端的固定列设置效果如图6-41所示。

图6-41　PPS界面截图

图片来源：PPS APP 截图。

（四）概览与数据相结合

这种设计方式中，概览的内容要位于数据之上，且概览的内容要清晰易懂，如图 6-42 所示。很多时候，可以把概览的信息可视化。例如，天气软件经常使用这种方法，如图 6-43 所示。

图 6-42　概览与数据相结合

图 6-43　天气软件截图

图片来源：天气软件 APP 截图。

（五）行分组

行分组是用视觉化的方式区别总结的内容和其他内容。该方法适用于可以将内容分类的时候，如图 6-44 所示。

图 6-44　行分组

移动端的日历和 QQ 分组就采用了行分组的方式，如图 6-45 所示。

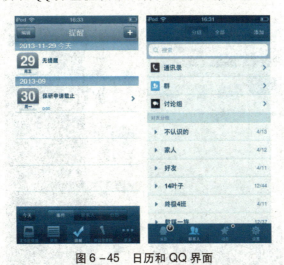

图 6-45　日历和 QQ 界面

图片来源：日历 APP 截图、QQ APP 截图。

（六）层叠列表

在应用中尽量使用平等的简单的信息架构，尽量避免使用需要深钻的信息架构。层叠列表最好不要超过三层，如图6-46所示。

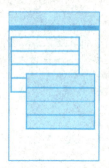

图6-46　层叠列表

360文件夹和风行软件显示了这种层叠列表，如图6-47所示。

图6-47　360文件夹和风行软件界面

图片来源：文件夹APP截图、风行APP截图。

（七）可视化图表

设计可视化图表时，选择可以立即识别的视觉指标，避免使用凭空创造的指标，如图6-48所示。

图6-48　可视化图表

移动端应用美丽说和天气软件的可视化图标设计如图6-49所示。

图6-49　美丽说和天气软件界面

图片来源：美丽说APP截图、天气软件截图。

（八）可编辑的表格

可编辑的表格样式如图6-50所示。必须注意的是，对于需要输入批量数据的情况应避免使用可编辑的表格；必须通过大量的编辑才可以完成输入时，也尽量不要使用可编辑的表格。

图6-50 可编辑的表格

可编辑的表格情况常见于日历软件，如图6-5所示。

图6-51 日历和万年历软件界面
图片来源：日历APP截图、万年历APP截图。

二、搜索

（一）明确搜索

不同软件搜索按钮的位置不同，可以是直接在屏幕上，也可以是在键盘上。在提供搜索按钮的同时，也要在清晰的位置提供一个删除按钮。搜索结果呈现出来后，要提供一个反馈，如图 6 – 52 所示。

手机应用 Lofter 和 Instagram 的搜索界面如图 6 – 53 所示。

图 6 – 52 明确搜索

图 6 – 53 Lofter 和 Instagram 的界面

图片来源：Lofter APP 截图、Instagram APP 截图。

(二) 自动完成

自动完成是智能搜索的一种体现。当显示搜索结果出现延时，则提供一个反馈。在搜索结果中应强调结果和搜索关键词的匹配，如图 6-54 所示。

图 6-54 自动完成

当键入一个关键词时，自动完成即可以显示与关键词相匹配的结果，如图 6-55 所示。

图 6-55 Tumblr 和 Google search 的界面

图片来源：Tumblr APP 截图、Google search APP 截图。

（三）动态搜索

动态搜索适用于约束的数据集，不适用于搜索量较大的数据集，如图6-56所示。

图6-56 动态搜索

用手机拨号数据搜索通讯录相关信息、文件搜索等，都体现了动态搜索的设计，如图6-57所示。

图6-57 拨号功能和小米文件管理界面

图片来源：拨号功能界面截图、小米文件管理界面截图。

(四) 范围搜索

比起直接搜索，范围搜索更容易得到用户想要的结果。基于已有数据集，提供合理的范围，一般给定三到六个范围，如图 6-58 所示。

图 6-58　范围搜索

Drippler 和淘宝的范围搜示例如图 6-59 所示。

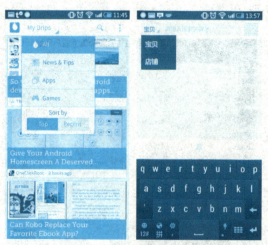

图 6-59　Drippler 和淘宝的范围搜索

图片来源：Drippler APP 截图、淘宝的搜索界面截图。

（五）保存和最近查询

保存和最近查询能提高用户的使用效率。保存的搜索通常需要多一个步骤，即为了以后的参考对搜索命名。而最近的搜索，是对用户的搜索历史默认保存，需要的时候再出现的一种形式，如图 6–60 所示。

图 6–60　保存和最近查询

QQ 音乐和 Play 商店的最近搜索，如图 6–61 所示。

图 6–61　QQ 音乐和 Play 商店
图片来源：QQ 音乐 APP 截图、Play 商店 APP 截图。

（六）搜索表单

搜索表单的形式有多个输入标准和一个搜索按钮，减少需要输入的字段，如图6-62所示。

图6-62　搜索表单

订票软件如携程就使用搜索表单的形式，如图6-63所示。

图6-63　携程界面

图片来源：携程APP截图。

（七）搜索结果

一旦一个搜索被执行了，那么它的搜索结果就会出现在一个屏幕上，或者呈现在一个专门的结果页面，如图 6-64 所示。信息可以以表格和列表的形式呈现，或者是出现在地图上。建议使用继续加载的形式而不是分页，且需要默认一个合理的排列顺序。

Fancy 和浏览器 chrome 的搜索页面如图 6-65 所示。

图 6-64 搜索结果

图 6-65 Fancy 和 Chrome 界面

图片来源：Fancy APP 截图、Chrome APP 截图。

三、排序

（一）屏幕直接显示排序

这种形式适用于排序方式不多的时候，能清楚地显示被选中的信息，但要注意词汇不宜过长，如图6-66所示。

图6-66　屏幕直接显示排序

桌面背景和壁纸应用直接显示排序，如图6-67所示。

图6-67　Backgrounds HD Wallpapers界面
图片来源：Backgrounds HD Wallpapers APP截图。

（二）排序顺序选择器

排序方法的种类可以比较多样，词汇也可以比较长，选择器的设计可以是很多样的，如图6-68所示。对于应用的排序方法要有明确的标识，对于选择排序方式的路口也要在屏幕上明确地显示出来。

排序顺序选择器常见于有电影、音乐、娱乐排行榜功能的应用，如图6-69所示。

图6-68 排序顺序选择器

图6-69 PPTV和音悦台界面

图片来源：PPTV APP截图、音悦台APP截图。

（三）排序形式

有的应用程序会把排序和过滤合并在一个页面内，如图 6-70 所示。这种页面一般命名为"精炼搜索"。

图 6-70　排序形式

大麦网和风行等应用采用这种排序形式，如图 6-71 所示。

图 6-71　大麦网和风行界面
图片来源：大麦网 APP 截图、风行 APP 截图。

四、筛选

（一）屏幕直接显示筛选

和屏幕直接显示排序类似，筛选条件所用的词汇应该是清晰易懂的。选中的筛选条件应该明确标识，如图6-72所示。

图6-72　屏幕直接显示筛选

图6-73中的应用以屏幕直接显示筛选。

图6-73　CNN News 和 Deviantart concept 界面

图片来源：CNN News APP 截图、Deviantart Concept APP 截图。

（二）抽屉式筛选

抽屉式筛选能更好地显示出筛选条件。通过扫过或点击等方式打开筛选命令，如图 6-74 所示。

图 6-74　抽屉式筛选

网购平台 eBay 和城市服务指南 Goodguide 的抽屉式筛选如图 6-75 所示。

图 6-75　eBay 和 Goodguide 的界面

图片来源：eBay APP 截图、Goodguide APP 截图。

（三）筛选对话框

它要求用户选择筛选条件，也可以取消以前的操作，如图 6-76 所示。前面两种形式筛选对话框对用户来说更加自由，而且筛选的结果也可以很直接地在内容上显示出来。

图 6-76　筛选对话框

AirBnB 和 Jasmine 的搜索界面如图 6-77 所示。

图 6-77　AirBnB 和 Jasmine 界面
图片来源：AirBnB APP 截图、Jasmine APP 截图。

（四）筛选形式

不要对筛选进行过多的设计，简单的屏幕直接呈现的方式或者抽屉式的筛选是比较常用的，如图6-78所示。如果对筛选形式的设计是必需的，那就遵循实践，如图6-79所示。

图6-78　筛选形式

图6-79　Letv和音悦台界面

图片来源：Letv APP 截图、音悦台 APP 截图。

第八节　绘制使用流程

一、故事板

故事板最初是应用在动画影视行业的一种方法。现在它已经被应用在各个领域。在交互领域里，故事板也被用在了网站设计和软件设计的项目中，通过文字和图形描绘出网站或软件的交互场景。在软件开发中，故事板能够帮助设计者了解软件如何工作，比起一个抽象的描述，这种方式又便宜又直观。

图6-80是对医院缴费系统的故事板设计。通过图文可以看出几个用户在医院里可能发生的交费行为场景，能够更好地理解交费系统在医院中的使用情况。

医院大厅：充医通卡　　科室房间：打卡看病历　　科室房间：打卡看病历　　科室房间：打卡预约挂号、打卡交费、打卡交检查费、挂号

图6-80　故事板

二、OP图

OP图也叫原型流程图，可以用来表示用户在使用应用程序时的流程操作。一张OP图由界面原型图及简单的文字线条构成，能够表示用户的操作和页面跳转之间的关系，有必要的时候，还需要在OP图上添加应用对用户操作的反

馈。OP图不仅能帮助设计人员理解程序的工作流程，也能帮助程序员理解开发程序，对于应用开发优化而言是一种不可或缺的工具。

对于一个应用程序，我们至少需要一张OP图来表示应用主功能的工作流程，根据需要，可以考虑是否添加其他OP图。一般情况下，我们需要绘制不止一张OP图。根据对流程架构的不断修改，一个项目中，会画多个版本的OP图，直至确定最终版本。

在画OP图的时候，需要遵循一些规范，如图6–81所示：

图6–81　OP图

（1）在右上角标明OP图的介绍属性，包括项目、任务、版本、页数、页码及日期。

（2）OP图的中心位置放操作的主流程，由界面原型由左至右排列组成。

（3）界面之间用箭头连接，箭头上的文字表示需要跳转到下一页面的点击对象。

(4) 界面原型下面标注页面在整个信息架构中的位置，其中，"P1.0"表示一级页面，"1"表示流程一，"0"表示流程顺序，"P1.2-1"表示二级页面。当点击页面某处会发生页面跳转的时候，我们需要在原型下面标注。"[ ]"表示页面名称，"→"表示跳转，"P1.1"表示将会跳转的页面。

(5) 当点击页面某处会发生页面内的变化时，我们需要截取页面变化的部分，在旁边说明，下面说明发生这种变化的操作，如果页面有需要程序员注意的变化时，可以用连线和文字在边上加以说明。这种方法适合页面有较多变化的时候。

(6) 当页面内变化不多的时候，我们可以直接用连线连接点击处与变化页面，并在连线上标注操作，这样会更加直观。

(7) P1.2-1 在整体的信息架构中属于二级页面，并且是从属于 P1.2 的二级页面。

(8) 当一个页面的二级页面较多的时候，除了（7）中说到的标注之外，也可以用虚线框将它们框在一起。

第九节 案 例

一、项目简介

原软件是一款辅助官网的购物软件，该公司希望能够增大通过软件进行的交易量，由于软件的用户使用量没有达到预期的效果，因此希望对原软件进行优化，增大软件用户使用量和经由软件产生的销售额。

二、目的

分析现有的软件，对现有用户、潜在用户和运营商进行访谈测试，设计并测试原型，实现软件流程的优化。

三、步骤

第一步：需求分析。先对软件的使用情况进行分析，之后分析现有软件的使用流程，并与典型购物软件的框架做对比，在进行小组成员的集体研讨后，设计出第一版原型，如图6-82所示。

图6-82 第一版原型

第二步：访谈调研。这一阶段进行了两次访谈，包括与公司员工的面对面访谈，如表6-1所示；以及与软件潜在用户的电话访谈，如表6-2所示。通过这两次访谈，我们了解了用户的购物习惯和需求，以及他们对第一版原型的建议。修改第一版原型，并设计出第二版原型，为后面的可用性测试做准备。另外，结合访谈结果我们创建了五个角色和五个与角色对应的场景，便于更好地了解用户的使用情景。我们还绘制了两个版本的OP图，便于更好地理解软件的架构。

表6-1　面对面访谈问题

共性问题	询问不同角色的状态 （你所了解的5种角色的状态）
1. 姓名、年龄、工龄、职位、教育程度	1. 这些的业务员的工作流程怎么样？他们常用的购买方式如何？（级别）
2. 请直接阐述一下你们公司业务流程（采购流程，谁下单，如何下单，下单量，谁付钱，如何付钱等问题）。DD或者更高职位的销售者是否需要经常出差到外与其他直销者分享经历？DD或者更高职位的销售者每月是否需要做到一定的销售额？为什么你们的送货方式会分送货上门和店铺自提两种方式？你们的送货上门方式是否需要业务员支付邮费，具体是如何支付的（例如，买够多少钱可以不用支付运费）	2. 他平时使用计算机的时间多吗？有没有利用计算机网购的经历？（年龄层）
3. 业务员是否使用过安利的Web端订购过产品？他们对Web端使用的反馈如何	3. 你了解的业务员是否拥有智能机？平时会经常使用吗啊？那么他们有使用过手机进行网上购物吗？他们常采用的支付方式是什么？（支付宝、网银、还是其他）（级别）
4. 所了解到的业务员使用智能手机的状况如何？是否会通过智能手机购买，消费、下订单等呢	4. 他们有使用过安利商务随行软件购买产品吗？购物过程觉得顺利方便吗？您觉得在使用过程中遇到最大的问题是什么？（APP里面已付款功能中是否有"重新下订"的功能？）（级别）
5. 你们可以提供一下业务员之间的关系吗	

续表 6-1

6. 是否了解你们的业务员普遍的购买方式？（是网购还是直接在店铺购买）你们的业务员是否会一次性购买的大量产品，即使没有客户向他购买（他们是否会囤货）	
7. 你们的业务员到店铺后一般会做什么	
8. 你听说过的业务员中，使用过这款应用的人多不多？他们用了之后，有没有向其他人推荐	

表 6-2　电话访谈结果

问题	期望了解内容	访谈结果（比例）	结论及建设
1. 请问您有使用过安利商务随行软件吗？您主要用它来做些什么？（有没有购物的经历）您周围使用的人多吗？他们一般用来干什么呢？您一般在什么情况下会使用安利商务随行来购物呢	了解用户及其周围人对安利商务随行软件的了解和使用情况	有使用过（25）/没有使用过（2）	
		主要用来查业绩（18）/购物（12）/未购物过(15)	在线购物功能吸引力有待提高
		周围的人使用多(7)/不多(14)/不了解（6）	

续表 6-2

		使用情况：不方便去店铺（2）/促销（1）/店铺拿不到货（1）/客户急需产品（1）/购物2000（1）/在外需要与客户伙伴沟通时（1）/外出不便（1）/不想排队（1）/产品紧缺（1）	用户通常在不方便使用其他购买方式时才会考虑使用软件，用户依赖度较低
2. 您有没有使用过商务随行软件中的（互动天地）妆容预览功能向客户展示产品的经历呢？（有没有遇到过客户不小心点进我的助理查看到业绩？会不会觉得不安全）	了解这种情况是否存在，且是否普遍，以及隐私问题是否有必提出	展示的经历：有（10）/没有（14）/没问（3）	软件的展示功能较弱
		会不会被看到隐私？无所谓（2）/没有（8）	软件的安全性有保障

第三步：功能定位和任务分析。通过对软件的购物流程分析，总结出该软件的两大模块主要功能，如图 6-83 所示，通过调研确定优化目标。分别对两大模块主要功能进行细化，最后定义出实验室测试和网络测试的测试任务。

图6-83 软件两大功能模块

实验室测试任务

任务一：请打开安利商务随行软件，在【产品目录】里面找到"蛋白质粉770"，查看详情后，修改数量为2件，并"加入购物车"。

任务二：请在【我的收藏】中查找"蛋白质粉770"，并"加入购物车"。

任务三：现在请您代替您的伙伴"麦颖梅"，在【产品目录】里购买"薄荷香蒜片"和"茶族60粒"各一件。

任务四：请在【购物车】中确认"产品总份"、"产品总净营业额"、"我的产品总价"、"我的净营业额"、"伙伴的产品总价"以及"伙伴的营业额"。

任务五：请在【购物车】中，找到"自用订单"，将"蛋白质粉770"的数量改为4，在"黄瑜冰"的订单下，删除"维生素C片"。

任务六：现在请您选择"店铺自提"的送货方式，确认配送地址，并将所有产品暂存成一张订单。

任务七：现在请您选择"家居送货"，并将配送地址改为"广州市中信大楼"。

任务八：请您支付修改后的订单，选择【支付宝】支付方式。

任务九：请您进入【未付款】订单列表，查看订单"2073673"的详情，并完成支付。

任务十：请您进入【已付款】订单列表，查看订单"2073673"的详情，并"再次下单"。

网络测试任务

任务一：查看【热销产品】"蛋白质粉770"，收藏并添加3件到【购物车】，再从【纽崔莱产品列表】中添加一件"茶族60粒"到购物车，地址为广州市白云区同和大街12号，使用【支付宝】完成支付。

任务二："家居送货"的方式，为用户"刘小华"进行"快速下单"操作：添加三件产品编号为"2010"的"蛋白质粉770"到购物车。在【购物车】中查看所得额促销产品，并删除"维生素C"，使用【支付宝】完成支付。

任务三：把【购物车】中的"蛋白质粉770"的数量更改为4件，开具【发票】，抬头为"安利"，内容为"汇总开具发票，安利产品"：使用编号为"207-00000276"的电子券，使用【支付宝】完成支付。

任务四：请删除"王小二"的【订单草稿】，并修改"刘小华"的订单草稿用户为"王小二"，更改蛋白质粉的数量为4件，"保存草稿"。

任务五：将"刘小华"的【订单草稿】中的产品放入【购物车】，并将订单编号为"2073666"的【已付款】订单中的产品放入【购物车】，生成订单后"暂不支付"，"合并支付"所有未付款订单。

任务六：删除订单编号为"2073666"的【已付款】订单：在【已付款】订单列表中找到订单编号为"2073662"的订单，并使用【支付宝】支付方式再次支付。

任务七：（补充任务）选择"家居送货"的方式，去【纽崔莱】为"自己"购买三件"蛋白质粉770"和一件"茶族60粒"；为"刘小华"购买一件"蛋白质粉770"和一件"茶族60粒"；并将"家居送货"地址修改为"广州市越秀区阳光花园118栋"；使用【支付宝】支付"自己"和"刘小华"购物车中的所有产品。

第四步：实验室测试，如图6-84所示。基于第二版原型，我们进行了纸质原型测试、眼动仪测试（见表6-3）和深度访谈，结合测试和访谈的结果，并优化了第二版原型，生成用于仿真系统网络测试的第三版原型，同时画出最新的OP图。

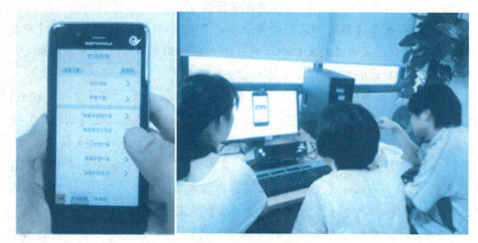

图6-84 实验室测试现场图

第五步：仿真系统网络测试。将第三版原型用"HTML + CSS + Javascript"开发成一套网络仿真测试系统，放在该公司官网上，结合网络测试的任务，进行网络测试，如图6-85所示。测试完成后，进行结果分析，如图6-86所示，经过集体研讨后，对原型做最后的修改，提出相应的修改意见。

表6-3 眼动仪测试结果

任务列表	所属模块	结论及修改意见
任务一：请打开安利商务随行软件，在【产品目录】里面找到"蛋白质粉770"，查看详情后，修改数量为2件，并加入【购物车】	在线购物	(1) 将"加入【购物车】"按钮置于产品名称前或者下面。 (2) 将【我的收藏】放于在线购物模块中，并处较次要的位置。 (3) 将【我的收藏】中"加入购物车"的图标隐喻做得再明显些。 (4) 将修改购买客户有功能放在线购物页面。 (5) 重新考虑产品信息的呈现方式，用较少的字数明晰呈现重要数。 (6) 去掉子订单部分，减少信息混淆。 (7) 在页面设置中尽量避免下拉菜单的出现。 (8) 点击产品条目，在其下方弹出一栏，可以直接编辑数量和删除。 (9) 电子券与支付相关，放在【购物车】页面容易引起歧义，应该放在支付页面。
任务二：请在我的收藏中查找"蛋白质粉770"，并加入【购物车】		
任务三：现在请您代替您的伙伴麦颖梅，在【产品目录】里购买"薄荷香蒜片"和"茶话60粒"各一件		
任务四：请在【购物车】页页中确证产品总价、产品总净营业额、我的产品总价、我的净营业额、伙伴的产品总价以及伙伴的净营业额		
任务五：请在【购物车】中，找到自用订单，将"蛋白质粉770"的数量改为4，在"麦颖梅"的订单下，删除"维生素C片"		
任务六：现在请您选择家居送货；并将配送地址改为"广州市中信大楼"	订单管理	(10) 更改修改配送地的位置，用户有这个需要，但是修改的情况不多，所以可以适当地隐藏修改地址的功能。 (11) 虽然弹出的支付方式不错，但是希望更加简洁，如使用lcon来代替3种方式。 (12) 将修改配送方式的功能明显的展示出来，放在购物流程的一级页面。 (13) 把"暂存"想要表达的意思清晰化，使用"订单稿"的功能模块更好地实现类似功能。 (14) 将"未付款"订单页面的"支付"按钮放在下方。 (15) 如何让用户知道再次下单是可以更改数量，产品的，是示信息应做清晰些
任务七：请您支付修改后的订单，选择"支付宝"支付方式		
任务八：现在请您选择店铺自提的送货方式，确认配送地址，并将所有产品暂存成一张订单		
任务九：请您进入未付款订单2073673的详情，并完成支付		
任务十：请您进入已付款单列表，查看订单2073666的详情，并再次下单		

信息架构设计

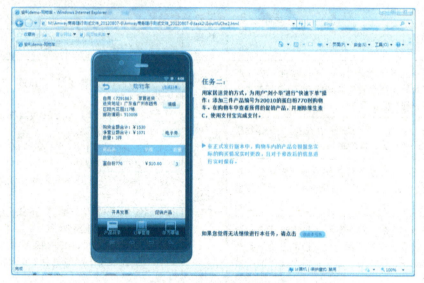

图6-85　网络测试截图

图6-86　结果分析效果图

第六步：分析汇总。对所有的设计调查分析进行汇总，并对原型提出修改意见，生成最终版的 OP 图，如图 6-87 所示。

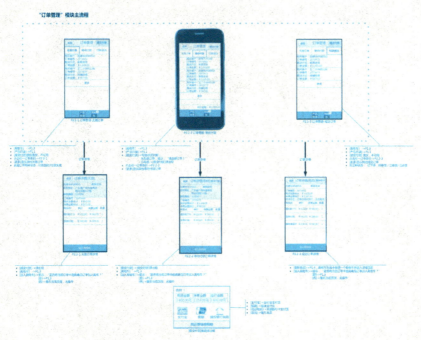

图 6-87　OP 图

第七章 管理

第一节　基本概念

管理是信息架构开发流程的最后一步,它适用于以开发某一程序为目的的项目。管理是指为保证一个单位全部业务活动而实施的一系列计划、组织、协调、控制和决策的活动。在信息架构开发流程中,管理是指为新文件制定标签以及淘汰旧文件的例行性工作,同时,也需要监控网站或应用的用法和用户的反馈,找出需要修改的地方,从而进一步改善并推广它。有效的管理能够让一个好的网站或应用更加出色。

简单地说,我们可以把管理的内容分成四个部分:监控、内容更新、推广和优化,如图 7-1 所示。

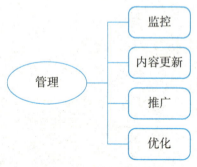

图 7-1　管理的内容

（1）监控:监控网站或应用的使用情况,如流量、分布等。

（2）内容更新:给网站或应用添加新的内容,淘汰旧的内容。

（3）推广:以互联网为主要渠道,增加网站或应用的曝光率。

（4）优化:当现有网站或应用无法达到预期效果的时候,可以考虑对网站或应用的整体优化,包括架构、界面设计等。

第二节 监 控

一、监控的目的和内容

在网站或应用正式运行使用后，通过监控用户的使用情况和收集用户的反馈，可以了解用户的使用习惯以及网站或应用的使用现状，能帮助设计者发现设计缺陷，为后续的优化奠定基础。

监控的内容一般包括网站流量指标、用户行为指标和用户浏览网站的方式。其中，网站流量指标常用来对网站效果进行评价，主要包括独立访问者数量、重复访问者数量、页面浏览数、每个访问者的页面浏览数和某些具体文件、页面的统计指标，如页面显示次数、文件下载次数等；用户行为指标主要用来反映用户是如何来到网站的、在网站上停留了多长时间、访问了哪些页面等，主要包括用户在网站的停留时间、用户来源网站（也叫"引导网站"）、用户所使用的搜索引擎及其关键词、不同时段的用户访问量情况等；用户浏览网站的方式主要包括用户上网设备类型、用户浏览器的名称和版本、访问者电脑分辨率显示模式、用户所使用的操作系统名称和版本、用户所在地理区域分布状况等。

二、监控工具和谷歌分析

目前市场上已经出现了很多的监控工具，例如谷歌分析、CNZZ、百度统计、Yahoo 站长工具、51 流量统计等。其中，谷歌分析、CNZZ 和百度统计是比较普遍和常用的三种，后面将结合案例详细介绍谷歌分析在监控网站和移动应用上的使用。

谷歌分析（Google Analytics）是谷歌为网站提供的数据统计服务。它可以帮助用户对目标网站进行访问数据的统计和分析，提供多种参数供网站的拥有者使用，而且操作极其简单，只需要在网站的页面上加入一段代码，它就可以提供一份丰富详尽的图表式报告。和其他的统计服务一样，谷歌分析给我们提供了流量来源、搜索关键词、访客资料、入口页面等基本参数。除此之外，它还提供了一些特色参数，如行业基准、跳出率、导出格式、电子商务转换率等。

（1）流量来源：网站访问量来源。

（2）搜索关键词：用户通过搜索什么关键词进入被测网站。

（3）访客资料：包括用户使用的设备类型和型号、IP地址、地理位置、时间、系统类型等。

（4）入口页面：用户进入网站的第一个入口，也是每次进入的第一个受访页面。

（5）行业基准：基于选择的网站类别，提供和同类别网站的对比分析。

（6）跳出率：即单页访问次数或访问者进入（目标）页与离开网站的访问次数百分比。跳出率越高，说明网站对用户的吸引力越不足。

（7）导出格式：谷歌分析提供多种导出格式，包括 PDF、XML、CSV 和 TSV。

（8）电子商务转换率：产生购买行为的访客人数占总访客人数的比例，用于确定营销活动和网站在将访客转化为客户方面的效果。

针对如今市场上对移动端应用的分析缺口，谷歌分析新增了移动应用分析功能。通过分析数据，开发人员可以追踪新的用户或活跃用户，同时识别不同应用版本、设备以及操作系统，并统计应用的使用频率、参与度以及崩溃报告。在最终的结果阶段，谷歌移动应用分析将显示对于开发人员甚为重要的转换率和应用内支付。谷歌分析开发人员旨在将谷歌分析发展成一款能够真正追踪所有移动应用相关数据的产品，帮助营销及开发人员更好地衡量他们的应用。

另外，随着移动应用这两年的迅速发展，谷歌分析又发布了移动端的应用，允许用户通过智能手机来查看网页与移动应用的数据情况。

三、案例分析

下面我们用案例介绍谷歌分析在实际项目中的应用。

（一）项目背景

安利商务软件优化项目是通过对现有软件进行需求分析、原型设计、可用性测试等，优化现有软件，增加软件使用率及经由该软件产生的销售额。

（二）目的

使用需求分析、可用性测试、眼动仪测试、访谈等设计方法，对现有软件进行修改。通过 HTML、CSS、Javascript 等语言，将最新优化后的原型网页化，将原型放在官网网页，要求用户完成相应任务。通过谷歌分析，了解用户是否完成任务及使用过程，与预期过程进行对比分析，并进行最后的优化。

（三）步骤

第一步：学习谷歌分析的使用方法，了解谷歌分析能获得的数据及分析方法。设计6个需要用户完成的任务，明确期待用户完成任务时走的路径，做好测试前的准备。

第二步：用已有的 Gmail 邮箱（或新注册）注册谷歌分析的账号。获得网站追踪代码后，嵌入目标网页中，然后在谷歌分析中填写相关信息，设置相关参数，在正式测试之前，先进行内部的预测试。

第三步：进行正式的测试。将写好的网页放在官网上，等待用户的点击和测试。通过谷歌分析，实时查看测试人数和相关数据。

第四步：当人数达到预期目的之后，停止测试，获取谷歌分析上的数据并对相关数据进行分析，包括不同页面之间的跳转关系、跳出率等，计算出每个任务的成功率。若出现成功率较低的任务，分析原因，并对原型进行修改，设计任务进行再测试。

第五步：对补充任务进行再测试，重复第三、第四两个步骤。

第六步：完成最终的测试，交付项目最终成果。

第三节 内容更新

　　内容更新是指网站或应用对现有的内容进行修改，包括添加新的内容和淘汰旧的内容。但是，并不是所有网站和应用都要进行内容更新。某些宣传类的网站和应用是不需要进行内容更新的，如某电影的宣传网站或应用；但是，对于大型的购物网站，如亚马逊等，则需要经常进行内容更新。

　　淘汰旧内容，即把网站或应用中不需要的内容删去。这样做不但能减少网站和应用的负荷，而且能方便用户找到目标内容。对于大型的购物网站来说，已经售完的产品及销量不好的产品就是可以淘汰的旧内容；对于普通网站而言，那些用户不经常搜索的内容可能就是需要淘汰的内容。

　　与淘汰旧内容相比，添加新内容更加复杂。添加新内容，即根据网站、应用或用户的需求，添加新的内容。添加新内容并非简单地将内容加到现有的内容里面。在前面的内容分析中我们提到，对于搭建一个网站或应用的信息架构，我们需要对网站或应用包含的内容进行分析，对它们进行分类，必要时还要添加标签，当网站或应用的信息架构设计完毕，不同内容的位置及呈现方式也有了一定的要求。在添加新内容的时候，就需要遵守这些要求。例如，亚马逊网站需要上新产品了，首先要确定需要关于产品的何种信息，收集完相关信息后，确定产品的分类，并为产品添加标签，最后将内容加进原网站中。

　　通过不断地淘汰旧内容、添加新内容能够提高网站和应用的使用率。

第四节 推　广

　　推广，换句话说就是做广告。广义的推广，指的是把自己的产品、服务、技术、文化、事迹等等通过四大媒体，即报刊、广播、电视和网络，让更多的组织和个人了解和接受，从而达到宣传、普及的目的。

除了一般的媒介平台的宣传，如微博微信推广等，对于网站，我们经常采用搜索引擎优化这种自我营销的方式进行推广。

SEO（即搜索引擎优化），是指为了从搜索引擎中获得更多的免费流量，从网站结构、内容建设方案、用户互动传播、页面等角度进行合理规划，使网站更适合搜索引擎的检索原则的行为。利用搜索引擎的搜索规则来提高目前网站在有关搜索引擎内的排名方式。SEO 的目的是为网站提供生态式的自我营销解决方案，让网站在行业内占据领先地位，从而获得收益。SEO 包含站外 SEO 和站内 SEO 两方面。

站外 SEO，通俗点讲，是对网站链接的优化，希望借由对链接的优化，能够增大用户反链接进我们网站的概率。通常我们会提高链接网站的质量，将我们的网站链接在大型网站内，如百度百科等，或者创建博客、微博、微信平台等，借由网络媒介推广网站。

与站外 SEO 相比，站内 SEO 的工作更加复杂。我们经常会进行有描述的重新定位、关键词选取和网站结构调整。通过监控网站用户网站使用的情况，可以获取用户的搜索习惯，进而对网站的结构进行调整。关键词检索在前面章节分析部分我们已经有所介绍，与前面的关键词检索不同的是，除了分析现有网站的内容之外，通过监控网站用户的行为，了解用户搜到我们的网站所使用的关键词，并对该关键词进行统计分析。结合对竞争网站的关键词分析和专业词汇，对网站的关键词进行重新选取，在此基础上，对网站的描述进行重新定位。

第五节　优　化

优化是指通过调研、测试等行为，提高网站和应用的用户体验。

对于网站而言，优化一般会导致网站信息架构的改变。对于使用情况不够理想的网站，我们通常会对网站内容、用户等进行重新调研分析，修改网站架构，最终推出新的网站。对于应用而言，优化可以是像网站一样架构的重新设计，也可以是添加新的功能。在这里，设计者需要对内容更新和优化做一个区分，内容更新的对象是内容，通常不会改变网站或应用的架构；而优化的对象是网站或应用的整体，通常会导致架构的变化，这种变化可以是微小的，也可以是巨大的。例如，软件版本的更新就是对软件的优化，而不是内容更新。

换一个角度看，优化其实是对网站或应用的再设计，从内容、用户调研分析开始，到原型设计、可用性测试等，是一个完整的设计过程。

第六节　小　结

对于网站和应用而言，管理是延长使用寿命的必经步骤；对于网站和应用设计而言，管理是设计的最后一步。我们不仅要对设计前的用户、内容等进行分析调研，要对设计的中间产物进行测试，还应该对上线后的网站和应用进行管理，了解他们的使用情况，这样才算设计了一个网站或应用。

参考文献

[1]（美）Peter Morville, Louis Rosenfeld. 陈建勋, 译. Web 信息架构：设计大型网站（第3版）（Information Architecture for the World Wide Web：Designing Large‐Scale Web sites, 3rd Edition）. 电子工业出版社，2008.

[2]（美）卡尔巴赫（Kalbach，J.）著. 李曦琳 译. Web 导航设计（Designing Web Navigation）. 电子工业出版社，2009.

[3] Theresa Neil. Mobile Design Pattern Gallery. O'Reilly Media，Inc.，2012.

[4] Donna Spencer. A Practical Guide to Information Architecture. Five Simple Steps LLP，2010.

[5] Paul Mijksenaar. Visual Function：An Introduction to Information Design. Princeton Architectural Press，1997.

[6]（美）库伯，瑞宁，克洛林，刘松涛，等译. About Face 交互设计精髓. 电子工业出版社，2012.

[7] 李乐山，等. 设计调查（Design Investigation）. 中国建筑工业出版社，2007.

[8] 为移动而设计：详解智能终端的信息架构. UX Booth 网. 2012.

[9] 岑丽芳. 老年人慢性病人的看病流程研究与设计. 2013.

[10] 朱尼罗. 基于服务蓝图的资源整合网站信息架构设计. 2012.

[11] 唐展图. 基于用户行为分析的高级网站开发. 2009.

[12] Stefan Moritz. Service Design-Practical access to an evolving field. 2005.

[13] 中山大学数字媒体研究中心. 安利商务随性客户端优化项目分析报告. 2012.

[14] 中山大学数字媒体研究中心. 聚晖集团网站设计. 2009.

[15] 中山大学数字媒体研究中心. 网络 BI 系统设计过程与方法：以"中国电信手机用户上网行为分析系统"为例，2013.

[16] 中山大学数字媒体研究中心. 相关产品体验分析报告，2012.

推荐阅读

[1]（美）克鲁格（Krug, S.）. De Dream' 译. 点石成金：访客之上的网页设计秘笈（Don't Make Me Think）（原书第 2 版）. 机械工业出版社，2006.

[2]（美）Jeff Johnson. 张一宁，译. 认知与设计：理解 UI 设计准则. 人民邮电出版社，2011.

[3]（美）弗洛德·J·福勒（Floyd J. Flowler, Jr.）. 蒋逸民，等译. 调查问卷的设计与评估. 重庆大学出版社，2010.

后 记

在 Web 2.0 和社会化的大趋势下，网络信息变得越来越庞杂无序，对于普通用户来说，要找到自己需要的信息变得越来越困难。于是，信息架构这种新的设计内容进入了设计师的思考范围。信息量越是庞大、无序，信息架构就显得越重要。信息架构设计逐渐变成设计开发过程中不可忽视的内容。

本书的主要内容、行文结构以及主要的设计案例均基于同济大学用户体验实验室（http：//uxlab.tongji.edu.cn）的实践结果。我和由芳教授带领的团队经过长期科研积累，并受到交互设计、信息架构设计等课程启发，经过文字加工和整理，逐渐形成书稿雏形。

感谢由芳教授对于本书的核心思想给予建议，并在相关、案例的设计过程中所做的突出工作。感谢同济大学用户体验实验室的各位同学，多年来在本书成稿过程中做出重要贡献。全书内容整理、完善和成文的相关工作由我的研究生钱露露同学辅助完成，她的建议和帮助起到关键的作用。后期的书稿调整、校对，以及内容更新由实验室成员协助完成。同时，感谢实验室陈慧妍、程翠琼、王雨佳、肖静如、陈光花、熊冀嘉、谭雨欣、杨九英、朱奕达、金晨曦、郭阿丽等同学，在成书过程中给予的宝贵意见和建议。

由于时间紧迫以及编者水平有限，书中错误、疏漏在所难免，敬请谅解。若有任何建议，欢迎致信作者（342955636@qq.com）。